Band 54

Viadrina-Schriftenreihe zu Mediation und Konfliktmanagement

Band 54

Viadrina-Schriftenreihe zu Mediation und Konfliktmanagement

Herausgegeben von
Prof. Dr. Dr. h. c. Ulla Gläßer, LL. M.
Hannah Tümpel, M. A.

Constantin Alexander Ganschow

Nachhaltiges Konfliktmanagement der öffentlichen Verwaltung

Ansätze zur Ermutigung von Behörden, Konflikte mit Bürgerinnen und Bürgern in einer Mediation zu bearbeiten

Wolfgang Metzner Verlag

Master-Studiengang Mediation
und Konfliktmanagement
Masterarbeit
Studiengang 2023/2025

EUROPA-UNIVERSITÄT
VIADRINA
FRANKFURT (ODER)

Lindleystraße 8b, 60314 Frankfurt am Main
Kontaktadresse nach EU-Produktsicherheitsverordnung: produktsicherheit@vfst.de

Printed in Germany
Druck: docupoint GmbH, Barleben
ISBN 978-3-96117-177-4 (Print)
ISBN 978-3-96117-178-1 (Online)
ISSN 2365-4155

Bibliografische Information der Deutschen Nationalbibliothek
Die Deutsche Nationalbibliothek verzeichnet diese Publikation in der Deutschen Nationalbibliografie; detaillierte bibliografische Daten sind im Internet über http://dnb.d-nb.de abrufbar.

Inhalt

Abkürzungsverzeichnis **5**

Vorwort **11**

A. Einführung **12**

I. Ausgangslage und Stand der Literatur **13**
II. Forschungsansatz und methodische Herangehensweise **16**
III. Gang der Untersuchung **19**

B. Rechtliche Grundlagen der Mediation **21**

I. Mediationsgesetz **21**
II. Grundsätze der Mediation **22**
1. Eigenverantwortlichkeit **22**
2. Freiwilligkeit **22**
3. Ergebnisoffenheit **23**
4. Vertraulichkeit **23**
5. Neutralität und Allparteilichkeit **24**
6. Informiertheit **24**
7. Strukturiertheit durch Phasen **25**

III. Ziele des Mediationsverfahrens **26**
IV. Verwaltungsverfahrensgesetz **26**
V. Verwaltungsgerichtsordnung **28**
VI. Zwischenfazit **29**

C. Exemplarische Anwendungsfelder für Mediation und mediative Elemente im öffentlichen Recht **30**

I. Anwendung von Mediation und mediativen Elementen im Außenverhältnis **31**

1. Multidimensionale Konfliktlagen **31**
   a) Bauleitplanung **31**
   b) Planfeststellungsverfahren **32**
   c) Umweltmediation gemäß § 4 UVwG BW **34**
2. Konflikte mit wenigen Parteien **35**
   a) Gewerbe- und Gaststättenbetrieb **35**
   b) Bauen und Nutzung öffentlicher Flächen **36**
   c) Steuern und Abgaben **36**
   d) Soziale Teilhabe **38**
   e) Gefahrenabwehr **39**

II. Anwendung von Mediation und mediativen Elementen im Innenverhältnis **40**

1. Konflikte innerhalb einer Behörde **40**
2. Konflikte unter Behörden **41**

III. Zwischenfazit **42**

D. Sieben Empfehlungen zur Stärkung der Mediation zwischen Behörden und Bürgerinnen und Bürgern **44**

I. Bewusstsein für den verfassungsrechtlichen Rahmen **44**

II. Klares Rollenverständnis und Vorteile durch ein Mindestmaß an Fachkenntnissen **45**

III. Gesetzlicher Anpassungsbedarf **48**

1. Aufnahme von Mediationsvorschriften in das Verwaltungsverfahrensrecht **48**
2. Weiterentwicklung des Widerspruchsverfahrens **52**

IV. Aufbau von Koordinierungsstellen für Mediation in Verwaltungsangelegenheiten **55**

V. Raum für Vorreiterinnen und Vorreiter und Vernetzung **57**

VI. Erhöhte Sichtbarkeit **59**

VII. Raum für praktische Erfahrungen **60**

VIII. Zwischenfazit **61**

E. Fazit und Ausblick **64**

Literaturverzeichnis **66**

Über den Autor **81**

Abkürzungsverzeichnis

A

a. A.	anderer Auffassung
ABl.	Amtsblatt der Europäischen Union
Abs.	Absatz
AEUV	Vertrag über die Arbeitsweise der Europäischen Union vom 13. Dezember 2007 – konsolidierte Fassung (ABl. C 202 vom 7. 6. 2016, S. 47–360)
AJP	Aktuelle Juristische Praxis [Zeitschrift]
AKIM	Allparteiliches Konfliktmanagement in München
Alt.	Alternative
AO	Abgabenordnung in der Fassung der Bekanntmachung vom 23. Januar 2025 (BGBl. 2025 I Nr. 24)
Art.	Artikel

B

BauGB	Baugesetzbuch in der Fassung der Bekanntmachung vom 3. November 2017 (BGBl. I S. 3634), das zuletzt durch Artikel 3 des Gesetzes vom 20. Dezember 2023 (BGBl. 2023 I Nr. 394) geändert worden ist
Bd.	Band
BeBüPolG Bln	Gesetz des Landes Berlin über den Bürger- und Polizeibeauftragten (Bürger- und Polizeibeauftragtengesetz – BeBüPolG Bln) vom 2. Dezember 2020 (GVBl. 2020, 1435), das zuletzt durch Artikel 1 des Gesetzes vom 9. Februar 2023 (GVBl. S. 30) geändert worden ist
Begr.	Begründer
BerlStrG	Berliner Straßengesetz (BerlStrG) vom 13. Juli 1999 (GVBl. 1999, 380), das zuletzt durch Artikel 9 des Gesetzes vom 11. Dezember 2024 (GVBl. S. 614, 618) geändert worden ist
BGBl.	Bundesgesetzblatt
BR	Bundesrat

BRAO	Bundesrechtsanwaltsordnung in der im Bundesgesetzblatt Teil III, Gliederungsnummer 303-8, veröffentlichten bereinigten Fassung, die zuletzt durch Artikel 13 des Gesetzes vom 23. Oktober 2024 (BGBl. 2024 I Nr. 323) geändert worden ist
BT	Bundestag
BVerfG	Bundesverfassungsgericht
BVerwG	Bundesverwaltungsgericht

C

CELEX	Communitatis Europeae Lex

D

DDR	Deutsche Demokratische Republik
DÖV	Die Öffentliche Verwaltung [Zeitschrift]
DS	Die Sachverständigen [Zeitschrift]
DStR	Deutsches Steuerrecht [Zeitschrift]
DVBl.	Deutsches Verwaltungsblatt [Zeitschrift]

E

EG	Europäische Gemeinschaft
EU	Europäische Union
EuR	Europarecht [Zeitschrift]
&	et [und]
EUV	Europa-Universität Viadrina

F

f.	folgende [Seite]
ff.	folgende [Seiten]
FGO	Finanzgerichtsordnung in der Fassung der Bekanntmachung vom 28. März 2001 (BGBl. I S. 442, 2262; 2002 I S. 679), die zuletzt durch Artikel 6 des Gesetzes vom 24. Oktober 2024 (BGBl. 2024 I Nr. 328) geändert worden ist
Fn.	Fußnote

G

GBl.	Gesetzblatt
GG	Grundgesetz für die Bundesrepublik Deutschland in der im Bundesgesetzblatt Teil III, Gliederungsnummer 100-1, veröffentlichten bereinigten Fassung, das zuletzt durch Artikel 1 des Gesetzes vom 22. März 2025 (BGBl. 2025 I Nr. 94) geändert worden ist
GmbH	Gesellschaft mit beschränkter Haftung
GrCh	Charta der Grundrechte der Europäischen Union (ABl. C 202 vom 7. 6. 2016, S. 389–405)
Gz.	Geschäftszeichen

H

Hrsg.	Herausgeber

I

insb.	insbesondere

J

JA	Juristische Arbeitsblätter [Zeitschrift]
JuS	Juristische Schulung [Zeitschrift]
JZ	JuristenZeitung [Zeitschrift]

L

LAGVwGO	Landesrechtliche Gesetze zur Ausführung der VwGO
LBüBG	Landesrechtliche Bürgerbeauftragtengesetze
LKV	Landes- und Kommunalverwaltung [Zeitschrift]
LVwVfG	Landesrechtliche Verwaltungsverfahrensgesetze

M

MedG	Gesetz über die Mediation für Verwaltungsangelegenheiten des Kantons Freiburg (SGF 181.1) bzw. Gesetz über die Mediation in Verwaltungsangelegenheiten des Kantons Wallis (SGS 170.6)

MediationsG	Mediationsgesetz vom 21. Juli 2012 (BGBl. I S. 1577), das durch Artikel 135 der Verordnung vom 31. August 2015 (BGBl. I S. 1474) geändert worden ist

N

MPISoc	Max Planck Institute for Foreign and International Social Law
NABEG	Netzausbaubeschleunigungsgesetz Übertragungsnetz vom 28. Juli 2011 (BGBl. I S. 1690), das zuletzt durch Artikel 5 des Gesetzes vom 8. Mai 2024 (BGBl. 2024 I Nr. 151) geändert worden ist
NJW	Neue Juristische Wochenschrift [Zeitschrift]
NLMR	Newsletter Menschenrechte [Zeitschrift]
NordÖR	Zeitschrift für öffentliches Recht in Norddeutschland [Zeitschrift]
Nr.	Nummer
NuR	Natur und Recht [Zeitschrift]
NVwZ	Neue Zeitschrift für Verwaltungsrecht [Zeitschrift]
NZA	Neue Zeitschrift für Arbeitsrecht [Zeitschrift]
NZBau	Neue Zeitschrift für Baurecht und Vergaberecht [Zeitschrift]
NZS	Neue Zeitschrift für Sozialrecht [Zeitschrift]

P

§	Paragraf
§§	Paragrafen
PwC	PricewaterhouseCoopers AG Wirtschaftsprüfungsgesellschaft
PJA	Pratique Juridique Actuelle [Zeitschrift]

R

Rn.	Randnummer

S

S.	Satz/Seite
sog.	sogenannt

SGB II	Das Zweite Buch Sozialgesetzbuch – Bürgergeld, Grundsicherung für Arbeitsuchende – in der Fassung der Bekanntmachung vom 13. Mai 2011 (BGBl. I S. 850, 2094), das zuletzt durch Artikel 2 des Gesetzes vom 24. Februar 2025 (BGBl. 2025 I Nr. 57) geändert worden ist
SGG	Sozialgerichtsgesetz in der Fassung der Bekanntmachung vom 23. September 1975 (BGBl. I S. 2535), das zuletzt durch Artikel 4 des Gesetzes vom 24. Oktober 2024 (BGBl. 2024 I Nr. 328) geändert worden ist
SteG	Stelle für Gemeinwesenmediation

T

ThürAGVwGO	Thüringer Gesetz zur Ausführung der Verwaltungsgerichtsordnung (ThürAGVwGO) in der Fassung der Bekanntmachung vom 15. Dezember 1992 (GVBl. 1992, 576), letzte berücksichtigte Änderung: § 8d neu eingefügt durch Artikel 5 des Gesetzes vom 16. November 2023 (GVBl. S. 291, 327)
ThürBüBG	Thüringer Gesetz über den Bürgerbeauftragten (Thüringer Bürgerbeauftragtengesetz – ThürBüBG) vom 15. Mai 2007 (GVBl. 2007, 54), letzte berücksichtigte Änderung: geändert durch Art. 6 des Gesetzes vom 18. Juli 2014 (GVBl. S. 406, 415)
ThürVBl.	Thüringer Verwaltungsblätter [Zeitschrift]

U

u. a.	unter anderem
UVwG BW	Umweltverwaltungsgesetz des Landes Baden-Württemberg vom 25. November 2014 (GBl. 2014, 592), das zuletzt durch Artikel 46 des Gesetzes vom 11. Februar 2020 (GBl. S. 37, 43) geändert worden ist

V

VerwArch.	Verwaltungsarchiv [Zeitschrift]
VG	Verwaltungsgericht
VM	Verwaltung und Management [Zeitschrift]

VwGO	Verwaltungsgerichtsordnung in der Fassung der Bekanntmachung vom 19. März 1991 (BGBl. I S. 686), die zuletzt durch Artikel 5 des Gesetzes vom 24. Oktober 2024 (BGBl. 2024 I Nr. 328) geändert worden ist
VwVfG	Verwaltungsverfahrensgesetz in der Fassung der Bekanntmachung vom 23. Januar 2023 (BGBl. I S. 102), das zuletzt durch Artikel 2 des Gesetzes vom 15. Juli 2024 (BGBl. 2024 I Nr. 236) geändert worden ist
VwVG	Bundesgesetz über das Verwaltungsverfahren (Verwaltungsverfahrensgesetz der Schweiz) vom 20. Dezember 1968 (172.021), AS 1969 737 (Stand am 1. Juli 2022)

Y

YSAS	Yearbook of Swiss Administrative Sciences [Zeitschrift]

Z

z. B.	zum Beispiel
ZKM	Zeitschrift für Konfliktmanagement [Zeitschrift]
ZPO	Zivilprozessordnung in der Fassung der Bekanntmachung vom 5. Dezember 2005 (BGBl. I S. 3202; 2006 I S. 431; 2007 I S. 1781), die zuletzt durch Artikel 1 des Gesetzes vom 24. Oktober 2024 (BGBl. 2024 I Nr. 328) geändert worden ist
ZRP	Zeitschrift für Rechtspolitik [Zeitschrift]
ZUR	Zeitschrift für Umweltrecht [Zeitschrift]

Vorwort

Die vorliegende Untersuchung zu nachhaltigem Konfliktmanagement der öffentlichen Verwaltung wurde an der Europa-Universität Viadrina im Jahr 2025 als LL. M.-Abschlussarbeit des postgradualen und berufsbegleitenden Studiengangs Mediation und Konfliktmanagement erstellt. Sie geht der Frage nach, wie Behörden ermutigt werden können, Konflikte mit Bürgerinnen und Bürgern in einer Mediation zu bearbeiten. Dabei ist klärungsbedürftig, wie es jenseits multidimensionaler Konfliktlagen um die Implementierung der Mediation im Verhältnis von Behörden und Bürgerinnen und Bürgern steht und wie gesetzliche Anpassungen auszugestalten sind. Ergebnis sind sieben Empfehlungen, nach denen Behörden in Deutschland ermutigt werden, Mediation dauerhaft und erfolgreich zu praktizieren. Sie sind insbesondere für diejenigen von Interesse, die in Behörden Verantwortung tragen beziehungsweise an Gesetzgebungsverfahren im Verwaltungsrecht mitwirken.

Ein sehr herzlicher Dank gebührt Frau Prof. Dr. Ulla Gläßer, LL. M. (UC Berkeley) und Hannah Tümpel, M. A. für das entgegengebrachte Vertrauen, ihre Begleitung während des Studiengangs und die Begutachtung der vorliegenden Arbeit beziehungsweise Abnahme der mündlichen Prüfung. Ein besonderer Dank gilt ebenfalls Herrn Olav Berger für die Zweitbegutachtung sowie Frau Kirsten Schroeter, Frau Dr. Anna Braun und Frau Julia Stroner, durch deren Wirken die Studierenden ein hervorragendes berufsbegleitendes Studienangebot erhalten. Da ohne die Familie und Freunde diese Abschlussarbeit nicht in dieser Form gelungen wäre, gebührt ihnen ein ganz besonderer Dank!

Berlin, 24. Juni 2026

Dr. iur. Constantin A. Ganschow, LL. M.

A. Einführung

Als die für das Autobahndreieck Funkturm zuständige Autobahn GmbH des Bundes im März 2025 plötzlich die Sperrung der Ringbahnbrücke in Berlin mitteilte, war dies der Ausgangspunkt für viele Konflikte im Berliner Bezirk Charlottenburg. Nicht zuletzt durch die zusätzliche Sperrung der in der Nähe liegenden Westendbrücke sah sich die von Umfahrungsrouten betroffene Bevölkerung von einem auf den anderen Tag mit einem hohen Verkehrsaufkommen, Schwerlastverkehr und damit verbundenen Emissionen konfrontiert.[1] Die an die zuständigen Behörden[2] auf Bezirks-, Landes- und Bundesebene gerichteten Erwartungen nach Regelung und Steuerung erfüllten sich für viele Menschen im Bezirk Charlottenburg nur bedingt.

Im Fall der Berliner Ringbahnbrücke zeigt sich anschaulich, wie wichtig eine gut funktionierende öffentliche Verwaltung als tragende Säule in einem demokratischen Rechtsstaat ist.[3] Die Mitgliedstaaten der Europäischen Union sehen diesen Umstand und betonen in ihren Verträgen hinsichtlich des Handelns der öffentlichen Verwaltung den besonderen Wert von Offenheit, Effizienz und Unabhängigkeit[4] sowie unparteiischer und gerechter Erledigung im Rahmen einer angemessenen Frist.[5] In Überlastungssituationen richtet die öffentliche Berichterstattung häufig einen Fokus auf Behörden und ihre Verantwortlichen.[6]

1 Der Tagesspiegel, A100-Chaos im Berliner Westen: Bezirk riegelt Wohnstraßen ab – Einfahrt nur noch für Anwohner, Veröffentlichung vom 20. 03. 2025 abrufbar unter: https://www.tagesspiegel.de/berlin/a100-chaos-im-berliner-westen-bezirk-riegelt-jetzt-selbst-strassen-ab—weil-verkehrskonzept-fur-bruckensperrung-fehlt-13398562.html (Stand 24. 06. 2026).

2 Im Sinne von § 1 Abs. 4 VwVfG jede Stelle, die Aufgaben der öffentlichen Verwaltung wahrnimmt.

3 *Grzeszick* in: *Dürig/Herzog/Scholz*, Grundgesetz, 2024, Art. 20, Rn. 138., der hinsichtlich Art. 20 Abs. 2 S. 2 GG darauf hinweist, dass bei der vollziehenden Gewalt zwischen der Regierung und der sonstigen Verwaltung zu unterscheiden ist.

4 Art. 298 Abs. 1 AEUV.

5 Art. 41 Abs. 1 GrCh.

6 Exemplarisch zur Situation in den Berliner Bürgerämtern Der Tagesspiegel, Berliner Bürgerämter: Auch Anfang 2024 gibt es kurzfristig kaum Termine, Veröffentlichung vom 24. 12. 2023, abrufbar unter: https://www.tagesspiegel.de/berlin/berliner-burgeramter-auch-anfang-2024-gibt-es-kurzfristig-kaum-termine-10972912.html (Stand 24. 06. 2026); zu einem Symposium, bei dem es auch um das Verhältnis von Medien und Verwaltung bei Großprojekten ging, *Mecking*, NVwZ 1992, 354 f.

I. Ausgangslage und Stand der Literatur

Wer über Konfliktbearbeitungsinstrumente der öffentlichen Verwaltung nachdenkt, trifft auf das Mediationsverfahren,[7] das im Gegensatz zu einseitigem Handeln auf Zusammenarbeit mit den beteiligten Akteuren ausgerichtet ist.[8] Diverse Veröffentlichungen zeigen, dass die Mediationspraxis im Umgang mit Konflikten im Bereich des öffentlichen Rechts vor dem Hintergrund von Entwicklungen in den Vereinigten Staaten von Amerika durchaus sehr früh auch in Deutschland Einzug gehalten hat.[9] In der Folge war Mediation als Möglichkeit der Konfliktbearbeitung im öffentlichen Recht bereits Gegenstand wissenschaftlicher Befassung und wurde in unterschiedlichen Zusammenhängen erprobt.[10]

Gleichwohl sind mehrere – unter anderem vom Deutschen Juristentag für das öffentliche Recht formulierte – Vorschläge bis heute nicht in die Umsetzung gelangt.[11] Darunter fallen insbesondere die ausdrückliche verwaltungsverfahrensrechtliche Regelung eines Mediationsverfahrens im oder parallel zum Verwaltungsverfahren sowie die Aussetzung des Verwaltungs- oder Widerspruchsverfahrens zur Durchführung eines Media-

---

[7] *Büsser*, YSAS 2011, 139 f., der das Mediationsverfahren als »innovativen Beitrag zur Reform der Verwaltung« ansieht.

[8] *Barczak*, JuS 2024, 289, 293; *Rüssel*, JA 2006, 470, 474.

[9] Bereits früh zu Gesetzesvorhaben in den Vereinigten Staaten von Amerika *Hoffmann-Riem/Schmidt-Aßmann*, Konfliktbewältigung durch Verhandlungen, Bd. 2, 1990, S. 319 ff.; Mediation im öffentlichen Recht rückte u. a. ins Zentrum der Betrachtung bei *Brohm*, NVwZ 1991, 1025 ff.; *Zilleßen*, in *Zilleßen*, Mediation – Kooperatives Konfliktmanagement in der Umweltpolitik, 1998, S. 39 ff. zur Mediation in den Vereinigten Staaten von Amerika und S. 48 ff. zu Anwendungsmöglichkeiten der Umweltmediation in Deutschland; *Troja*, Umweltkonfliktmanagement und Demokratie, 2001, S. 227 ff., der, bevor er auf drei Fälle aus Deutschland eingeht, sich mit drei Fällen aus den Vereinigten Staaten von Amerika befasst.

[10] Mit mehreren Praxisfällen aus verschiedenen Bereichen des öffentlichen Rechts *Schmidt*, in: *Kracht/Niedostadek/Sensburg*, Praxishandbuch Professionelle Mediation, 2023, S. 739 ff.; *Schütte*, DÖV 2022, 364, 366 ff.; jüngst im Rahmen eines Pilotprojekts des Thüringer Bürgerbeauftragten, *Herzberg/Knauff/Debus/Schulz*, ThürVBl. 2020, 181 ff.; *Schreiber*, Mediation als Instrument der frühen Öffentlichkeitsbeteiligung gem. § 25 Abs. 3 VwVfG, 2020, S. 94 ff.; *von Bargen, M.*, ZUR 2012, 468, 471 f.; *Tilp*, VM 2009, 90 ff.; *Ortloff*, NVwZ 2007, 33 ff.; *Härtel*, JZ 2005, 753 ff.; zu Modellversuchen der »ebenso vielseitigen wie ausgereiften Konfliktlösungstechnik Mediation« *von Bargen, J.*, DVBl. 2004, 468 ff; *Pitschas*, NVwZ 2004, 396, 398 ff.

[11] *Dendorfer-Ditges*, Konfliktdynamik 2023, 68, 71 f., die auf mehrere Beschlüsse des Deutschen Juristentags 2008 zum Regelungsbedarf der Mediation im Verwaltungsverfahren hinweist; ähnlich schon *Holland*, Mediation in Planungsverfahren auf kommunaler Ebene unter besonderer Berücksichtigung der Bauleitplanung, 2012, S. 52, der das Verwaltungsrecht bei der Ausarbeitung des MediationsG nicht hinreichend berücksichtigt sieht; in Auseinandersetzung mit den Beschlüssen des Deutschen Juristentags 2008 ebenfalls *Guckelberger*, in: *Seok/Ziekow*, Mediation als Methode und Instrument der Konfliktmittlung im öffentlichen Sektor, 2010, S. 235, 269 f.

tionsverfahrens.[12] Trotz solcher Vorschläge wurde eine ausdrückliche Mediationsvorschrift, wie beispielsweise Art. 33b im schweizerischen Verwaltungsverfahrensgesetz (VwVG),[13] im deutschen Verwaltungsverfahrensrecht bis heute nicht geschaffen.

Diese Lücke hat möglicherweise einen Beitrag geleistet, dass die Mediation im Hinblick auf Konflikte zwischen Behörden und Bürgerinnen[14] und Bürgern nicht mit derselben Selbstverständlichkeit gelebt wird wie im Umgang mit zivilrechtlichen Konflikten.[15] In einschlägigen Zeitschriften sind die veröffentlichten Aufsätze, die sich mit der Mediation in der öffentlichen Verwaltung befassen, in den vergangenen zehn Jahren durchaus überschaubar geblieben. Deutlicher tritt diese Überschaubarkeit zutage, wenn die Aufsätze zu den Themenkomplexen multidimensionaler Konfliktlagen und innerbehördlicher Konfliktbearbeitung ausgeblendet werden. Diese beiden Bereiche außen vorgelassen, wurde in der Zeitschrift Konfliktdynamik zur Mediation der öffentlichen Verwaltung über die vergangenen zehn Jahre hinweg im Wesentlichen lediglich ein Aufsatz veröffentlicht.[16] Ein ähnliches Bild ergibt sich hinsichtlich der in der Zeit-

---

[12] Beschlüsse des 67. Deutschen Juristentags, 2008, abrufbar unter: https://www.jura.uni-frankfurt.de/55029715.pdf (Stand 24.06.2026), S. 25.

[13] Als Regelung im allgemeinen Verwaltungsverfahrensrecht der Schweiz aufgegriffen von *Guckelberger,* in: *Seok/Ziekow,* Mediation als Methode und Instrument der Konfliktmittlung im öffentlichen Sektor, 2010, S. 235, 269; zu Art. 33b im schweizerischen Verwaltungsverfahrensgesetz (VwVG) ebenfalls *Pünder* in: *Ehlers/Pünder,* Allgemeines Verwaltungsrecht, 2022, § 16, Rn. 4.

[14] Die gewählte Form wechselt in der vorliegenden Arbeit und soll stets geschlechterneutral verstanden werden. Bei Bezugnahmen auf gesetzliche Vorschriften, wie zum Beispiel das MediationsG, wird die jeweilige im Gesetz vorgefundene Form übernommen.

[15] Zurückhaltung aufseiten der Behörden aus rechtlichen und verwaltungspraktischen Gründen sieht *Schmitz* in: *Stelkens/Bonk/Sachs,* Verwaltungsverfahrensgesetz: Kommentar, 2023, § 9 Rn. 190 f.; eher skeptisch *Baumeister* in: *Seok/Ziekow,* Mediation als Methode und Instrument der Konfliktmittlung im öffentlichen Sektor, 2010, S. 121 f., demzufolge nie ein vergleichbarer Stellenwert wie im Zivilrecht erreichbar sei; aus einer Perspektive, die mögliche Entwicklungen in den Blick nimmt, *Guckelberger,* in: *Seok/Ziekow,* Mediation als Methode und Instrument der Konfliktmittlung im öffentlichen Sektor, 2010, S. 235, 271.

[16] *Dendorfer-Ditges,* Konfliktdynamik 2023, 68 ff.; im Übrigen zu multidimensionalen Infrastrukturvorhaben *Schreiber,* Konfliktdynamik 2020, 47 ff.; lediglich kurz erwähnt wird die Mediation in einem Aufsatz zur Beteiligung der Bevölkerung bei der Umsetzung der Energiewende *Leschinger/Hübner,* Konfliktdynamik 2022, 97, 101 f.; ohne konkrete Bezüge zu Mediation, lediglich zu Kommunikation und Deeskalation im Bereich des polizeilichen Handelns *Zaiser/Staller/Körner,* Konfliktdynamik 2022, 34 ff. und zur Polizeiarbeit mit ethnischen Minderheiten *Wahl,* Konfliktdynamik 2020, 286 ff.; eher am Rande im Zusammenhang mit Flüchtlingsunterkünften *Splinter/Wüstehube,* Konfliktdynamik 2018, 10, 14 ff. und auf sie Bezug nehmend *Kals/Redlich,* Konfliktdynamik 2018, 4, 6; im Übrigen zwar *Schütte,* Konfliktdynamik 2021, 219 ff., der sich allerdings mit der Mediation im Innenverhältnis der öffentlichen Verwaltung befasst; weiter zurückliegend zur Mediation im Außenverhältnis der öffentlichen Verwaltung lediglich *Voss/Kockler,* Konfliktdynamik 2012, 58 ff. und wie-

schrift für Konfliktmanagement (ZKM) veröffentlichten Aufsätze. Innerhalb der vergangenen beiden Jahre wurde darin kein Aufsatz veröffentlicht, der einen Schwerpunkt auf Mediation im Bereich des öffentlichen Rechts legt.[17] Blickt man bis ins Jahr 2020 zurück, finden sich lediglich zwei Aufsätze, die sich neben den multidimensionalen Konfliktlagen und der innerbehördlichen Konfliktbearbeitung mit Mediation zwischen Behörden und Bürgerinnen und Bürgern befassen.[18] Bis ins Jahr 2015 zurückgehend, kommen lediglich drei weitere Aufsätze hinzu.[19] Modellversuche hat es zwar im Bereich der gerichtsinternen Mediation an Sozial-[20] und Verwaltungsgerichten[21] gegeben, Pilotprojekte in dem dem Gerichtsverfahren vorgelagerten Verwaltungsverfahren sind demgegenüber eher selten.[22] Eher überschaubarer ist auch die Studienlage. So liegt bislang für den öffentlichen Bereich neben einzelnen Fallstudien[23] keine Studie vor, die in ihrer Herangehensweise und Wirkung mit der von Pricewaterhouse-Coopers in Zusammenarbeit mit der Europa-Universität Viadrina durchgeführten fünfteiligen Langzeitstudie für den privatrechtlichen Bereich[24] vergleichbar wäre. Auch wenn die Zahl der für Mediation geeigneten Fäl-

---

derum das Innenverhältnis betreffend *Wagner/Thalau*, Konfliktdynamik 2014, 252 ff. und *Glöckner/Guther- Burchard/Wenzel*, Konfliktdynamik 2013, 234 ff. sowie *von Werthern/Rüpke*, Konfliktdynamik 2013, 144 ff.

17 Allenfalls leichte Bezüge bei *Behrens*, ZKM 2024, 50 ff. zur integrierten Bauprojektabwicklung, *Janda*, ZKM 2024, 82, 85 im Zusammenhang mit § 15 Abs. 2 SGB II und dem Kooperationsplan sowie *Dörflinger-Khashman*, ZKM 2024, 89 ff. zum Umgang mit Konflikten an Hochschulen.

18 *Samland*, ZKM 2023, 212 ff. zu Konflikten zwischen Reichsbürgern und Staat, *Gessler/Bloem*, ZKM 2022, 225 ff. zu kommunaler Konfliktberatung; zu multidimensionalen Konfliktlagen *Märker/Holtkamp/Steinbach*, ZKM 2023, 192 ff. und *Schreiber*, ZKM 2021, 224 ff. sowie zu innerbehördlicher Konfliktbearbeitung sowohl *Kracht*, ZKM 2022, 89 ff. als auch *Dennier*, ZKM 2021, 113 ff.

19 Für das Sozialrecht *Soffner*, ZKM 2018, 121 ff., zum Beauftragten für Fragen der Mediation in Brandenburg *von Hoerschelmann*, ZKM 2018, 94 ff. und grundlegend zur Mediation im öffentlichen Bereich *Schmidt*, ZKM 2016, 215 ff.; im Übrigen stehen mit folgenden Aufsätzen lediglich multidimensionale Konfliktlagen im Zentrum der Betrachtung: *Rauber*, ZKM 2019, 93 ff. zur Investor-Staat-Mediation, *Brettschneider*, ZKM 2019, 204 ff. zu Bau- und Infrastrukturprojekten, *Hirschner*, ZKM 2016, 178 ff. zur Windenergie und *Freimuth*, ZKM 2015, 107 ff. zur Energiewende; die beiden Aufsätze von *Odrig*, ZKM 2019, 28 ff. und *Gans/Huber*, ZKM 2018, 53 ff. streifen im Übrigen nur die öffentliche Verwaltung und legen andere Schwerpunkte.

20 *Becker/Friedrich*, MPISoc Working Paper 3/2009.

21 *von Bargen, J.*, DVBl. 2004, 468 ff.

22 *Herzberg/Knauff/Debus/Schulz*, ThürVBl. 2020, 181 ff.

23 Z. B. Fallstudien bei *Troja*, Umweltkonfliktmanagement und Demokratie, 2001, S. 227 ff.

24 PwC/EUV, Commercial Dispute Resolution: Konfliktbearbeitungsverfahren im Vergleich, 2005; PwC/EUV, Praxis des Konfliktmanagements deutscher Unternehmen: Ergebnisse einer qualitativen Folgestudie zu »Commercial Dispute Resolution – Konfliktbearbeitungsverfahren im Vergleich«, 2007; PwC/EUV, Konfliktmanagement: Von den Elementen zum System, 2011; PwC/EUV, Konflikt-

le im Bereich des öffentlichen Rechts möglicherweise geringer als im Bereich des Zivilrechts ausfällt,[25] dürfte dieser Umstand als einzige Erklärung für die eher rudimentäre Behandlung von Konflikten zwischen Behörden und Bürgerinnen und Bürgern jenseits multidimensionaler Konfliktlagen zu kurz greifen.

II. Forschungsansatz und methodische Herangehensweise

Obwohl für das öffentliche Recht herkömmlich ein Subordinationsverhältnis charakteristisch ist, agiert die öffentliche Verwaltung keineswegs mehr im Sinne eines obrigkeitsrechtlichen Ansatzes, sondern vielmehr auf Service ausgerichtet.[26] Gesellschaftliche Veränderungen haben dazu geführt, dass verwaltungsrechtliche Reformen häufig einen kooperativen Ansatz verfolgen und sehr auf Effizienz und Nachhaltigkeit ausgerichtet sind.[27] Immer mehr Behörden zeigen die Bereitschaft, mit Bürgerinnen und Bürgern ins Gespräch zu treten.[28] An Entscheidungen der Verwaltung wirken dadurch mehr als in früheren Zeiten gesellschaftliche Gruppen mit, die nicht nur Daten und Informationen, sondern auch ihr Know-how bereitstellen.[29] Behörden in Deutschland sind immer wieder aufs Neue herausgefordert, den an sie gestellten Anforderungen zu entsprechen und bei ihrer Aufgabenerledigung ein nachhaltiges Konfliktmanagement zu betreiben. Reformen der Verwaltung zielen insofern nicht nur darauf ab, die existierenden Verfahrensabläufe zu vereinfachen, sondern auch neue

---

management als Instrument werteorientierter Unternehmensführung, 2013; PwC/EUV, Konfliktmanagement in der deutschen Wirtschaft – Entwicklungen eines Jahrzehnts, 2016.

[25] Die Größenordnung der im Verwaltungsrecht mediationsgeeigneten Fälle ist nicht genau bezifferbar, Schätzungen innerhalb des Verwaltungsprozesses gehen von jedem zehnten Fall aus, *Ortloff*, NVwZ 2007, 33 f. und *Ortloff*, NVwZ 2004, 385, 389; positivere Schätzungen gehen von bis zu 25% aus, wobei diese Prozentzahl als Obergrenze genannt wird, *von Bargen, J.*, DVBl. 2004, 468, 472 sowie *Dietz*, ZRP 2004, 268 und erneut *von Bargen, J.*, EuR 2008, 200, 211 sowie *Beaucamp*, DÖV 2011, 886, 889, ebenfalls *Steinbeiß-Winkelmann/Naumann*, in: *Schoch/Schneider*, Verwaltungsrecht, VwGO, 2024, § 173, Rn. 211; jedenfalls dürften nach den in einem Pilotprojekt des Thüringer Bürgerbeauftragten ermittelten Zahlen im vorgerichtlichen Stadium ungefähr ein Drittel der Fälle im Verwaltungsrecht mediationsgeeignet sein, *Herzberg/Knauff/Debus/Schulz*, ThürVBl. 2020, 181 f.

[26] *Fritz/Pielsticker*, Handbuch Mediationsrecht, 2024, Abschnitt 5, Teil I, Rn. 1; *Voss* in: *Johlen/Oerder*, Münchner Anwaltshandbuch Verwaltungsrecht, 2023, § 3 Rn. 57 ff.

[27] *Büsser*, YSAS 2011, 139 f.

[28] Mit dieser Beobachtung *Voss*, ZKM 2001, 176 f.

[29] *Lenk/Meyerholt/Wengelowski*, Wissensmanagement in Staat und Verwaltung, 2021, S. 37.

Ideen für ein qualitätsvolles Verfahrensmanagement in die Umsetzung zu bringen.[30]

Die vorliegende Untersuchung geht der Frage nach, wie Behörden ermutigt werden können, Konflikte mit Bürgerinnen und Bürgern in einer Mediation zu bearbeiten. Klärungsbedürftig ist in diesem Zusammenhang insbesondere, wie es jenseits multidimensionaler Konfliktlagen um die Implementierung der Mediation im Verhältnis von Behörden und Bürgerinnen und Bürgern steht, wie gesetzliche Anpassungen auszugestalten sind und welche weiteren Empfehlungen Behörden in Deutschland ermutigen würden, Mediation dauerhaft und erfolgreich zu praktizieren. Die vorliegende Untersuchung richtet sich dabei in besonderer Weise an den Gesetzgeber für das Verwaltungsrecht und diejenigen, die in der öffentlichen Verwaltung Verantwortung tragen.

Die Untersuchung dieser leitenden Forschungsfrage erfolgt literaturbasiert, indem vorhandene Literatur aufbereitet und analysiert wird. An geeigneten Stellen wird das literaturbasierte Vorgehen ohne eigene Empirie um die Analyse von Dokumenten ergänzt, wobei die dort vorgefundenen Aspekte weiterentwickelt werden und im Wesentlichen dazu dienen, die in der vorliegenden Untersuchung ausgearbeiteten Ansätze zu untermauern. Das gilt beispielsweise im Hinblick auf die von *Markus Troja* auf der Grundlage von Fallstudien entwickelten »Erfolgsfaktoren für die Einführung kooperativen Konfliktmanagements«, zu denen der »gesetzliche Spielraum für kooperative Verfahren (enabling legislation)«, die »persönliche Initiative und Überzeugung wichtiger Einzelpersonen« und die »positiven Erfahrungen mit kooperativen Verfahren« zählen.[31] Gleichermaßen ist neben dem Tätigkeitsbericht der für Mediation zuständigen schweizerischen Kantonsbehörde des Staats Freiburg aus dem Jahr 2023,[32] der eine länderübergreifende Betrachtung erlaubt, der Abschlussbericht eines Modellprojekts des Max-Planck-Instituts zur Mediation in der bayerischen Sozialgerichtsbarkeit für die vorliegende Untersuchung relevant,[33] ergänzt um Fachliteratur zu Modellversuchen an deutschen Verwaltungsgerich-

[30] Schon früh sehr präzise beschrieben von *Brohm*, NVwZ 1991, 1025 f.

[31] *Troja*, Umweltkonfliktmanagement und Demokratie, 2001, S. 359 ff., der diese drei Faktoren anhand von Fallstudien zu jeweils drei Fällen aus den Vereinigten Staaten von Amerika und Deutschland (S. 227 ff.) herausgearbeitet hat.

[32] Kantonale Behörde für Öffentlichkeit, Datenschutz und Mediation des Staates Freiburg, Tätigkeitsbericht 2023.

[33] *Becker/Friedrich*, MPISoc Working Paper 3/2009.

ten.[34] Denn Erkenntnisse aus der gerichtsinternen Mediation sind für die Mediationspraxis der öffentlichen Verwaltung in dem dem Gerichtsverfahren vorgelagerten Verwaltungsverfahren von Belang.

Da Mediationspilotprojekte an Behörden bisher kaum in Betracht gezogen wurden,[35] soll den Erfahrungen und Folgerungen des Thüringer Bürgerbeauftragten aus einem Pilotprojekt, bei dem eine mündliche Erörterung im Widerspruchsverfahren erprobt wurde,[36] besondere Beachtung zukommen. Weitere für die vorliegende Untersuchung relevante Studienergebnisse gehen auf eine fünfteilige Langzeitstudie von PricewaterhouseCoopers in Zusammenarbeit mit der Europa-Universität Viadrina zurück,[37] die sich im privatrechtlichen Bereich unter anderem im Hinblick auf die Etablierung von Mediation mit dem Einfluss von Promotorinnen und Promotoren[38] und der Bedeutung eines Corporate Pledge befasst hat.[39] Von Bedeutung sind ferner mehrere Vorträge, die auf einem Symposium am Deutschen Forschungsinstitut für öffentliche Verwaltung Speyer gehalten wurden,[40] sowie mediationsbezogene Beschlüsse des Deutschen Juristentags.[41]

Wegen des rechtswissenschaftlichen Bezugs stehen gleichermaßen die relevanten gesetzlichen Vorschriften im Mittelpunkt, zu denen insbe-

---

34 Zu Modellversuchen an Verwaltungsgerichten *von Bargen, J.*, DVBl. 2004, 468 ff.

35 Eine von wenigen Initiativen, mit denen sich Behörden Mediationsverfahren öffnen (mit sehr positiven praktischen Erfahrungen), ging von der Stadtverwaltung Heidelberg aus, *Weigle*, ZKM 2009, 143 ff.

36 *Herzberg/Knauff/Debus/Schulz*, ThürVBl. 2020, 181 ff.

37 Mit einem die Langzeitstudie zusammenfassenden Aufsatz *Gläßer/Kirchhoff*, ZKM 2017, 44 ff.; die fünf Studien im Detail: PwC/EUV, Commercial Dispute Resolution: Konfliktbearbeitungsverfahren im Vergleich, 2005; PwC/EUV, Praxis des Konfliktmanagements deutscher Unternehmen: Ergebnisse einer qualitativen Folgestudie zu »Commercial Dispute Resolution – Konfliktbearbeitungsverfahren im Vergleich«, 2007; PwC/EUV, Konfliktmanagement: Von den Elementen zum System, 2011; PwC/EUV, Konfliktmanagement als Instrument werteorientierter Unternehmensführung, 2013; PwC/EUV, Konfliktmanagement in der deutschen Wirtschaft – Entwicklungen eines Jahrzehnts, 2016.

38 PwC/EUV, Konfliktmanagement in der deutschen Wirtschaft – Entwicklungen eines Jahrzehnts, 2016, S. 25 f., 84; zuvor bereits PwC/EUV, Konfliktmanagement: Von den Elementen zum System, 2011, S. 56 ff.

39 PwC/EUV, Konfliktmanagement in der deutschen Wirtschaft – Entwicklungen eines Jahrzehnts, 2016, S. 45 f., 84 f.; grundlegend zu Corporate Pledges im Falle von Business-to- Business-Streitigkeiten *Klowait*, Konfliktdynamik 2016, 102 ff.

40 Zusammengefasst in *Seok/Ziekow*, Mediation als Methode und Instrument der Konfliktmittlung im öffentlichen Sektor, 2010.

41 Beschlüsse des 67. Deutschen Juristentags, 2008, abrufbar unter: https://www.jura.uni-frankfurt.de/55029715.pdf (Stand 24. 06. 2026), S. 22 ff.

sondere das Mediationsgesetz (MediationsG), das Verwaltungsverfahrensgesetz (VwVfG) und die Verwaltungsgerichtsordnung (VwGO) zählen. Daran anknüpfend erfolgt an geeigneten Stellen eine Befassung mit deren Kommentierung[42] und Gesetzesdokumentation[43] sowie mit der Rechtsprechung.[44] Bei der Prüfung des gesetzlichen Anpassungsbedarfs rücken das schweizerische Verwaltungsverfahrensgesetz mit seinem Art. 33b VwVG und schweizerische Mediationsgesetze aus den Kantonen Freiburg und Wallis in den Fokus und mit ihnen die Frage, inwieweit sie für das deutsche Verwaltungsverfahrensrecht fruchtbar gemacht werden können.

III. Gang der Untersuchung

Da es sich vorliegend um eine rechtswissenschaftliche Untersuchung handelt, werden zu Beginn die gesetzlichen Grundlagen der Mediation herausgearbeitet, die geltenden Grundsätze unter Bezugnahmen auf das MediationsG vorgestellt, Ziele des Mediationsverfahrens formuliert und die Frage nach etwaigen Rechtsgrundlagen für Mediation im VwVfG und der VwGO geprüft (B.).

Darauf aufbauend zeigt die Auseinandersetzung mit der Fachliteratur, dass bereits recht systematisch diverse Fachgebiete des öffentlichen Rechts als mögliche Anwendungsfelder für Mediation identifiziert wurden (C.). Der Rahmen der vorliegenden Untersuchung erlaubt es hier nur, exemplarisch auf einige Anwendungsfelder einzugehen. Das hat zur Folge, dass insbesondere die Mediation in multidimensionalen Konfliktlagen[45] und im Innenverhältnis von Behörden[46] aufgrund ihrer Vorbildwirkung beziehungsweise positiven Strahlkraft zwar aufgegriffen, nicht jedoch in ihrer Tiefe durchdrungen werden kann. Denn im Zentrum sollen Konflikte mit wenigen Konfliktparteien stehen, bei denen eine Mediation zwischen Behörden und Bürgerinnen und Bürgern in Betracht kommt. Unter-

---

[42] U. a. *Klowait/Gläßer*, Mediationsgesetz: Handkommentar, 2025; *Kopp/Raumsauer*, Verwaltungsverfahrensgesetz: Kommentar, 2024; *Kopp/Schenke*, Verwaltungsgerichtsordnung: Kommentar, 2024.

[43] BR-Drucksache 60/11 vom 04. 02. 2011; dieser Gesetzentwurf wurde in der Literatur aufgegriffen von *Guckelberger*, NVwZ 2011, 390 f.

[44] Z. B. BVerfG, Beschluss vom 14. Februar 2007 - 1 BvR 1351/01.

[45] Unter der Bezeichnung der Mehrparteienkonflikte *Voß* in: *Johlen/Oerder*, Münchener Anwaltshandbuch Verwaltungsrecht, 2023, § 3, Rn. 95 ff.

[46] Mit weiterführender Literatur u. a. *Schütte*, DÖV 2022, 364 ff.

sucht wird insofern das Außenverhältnis, das heißt: wenn Behörden selbst als Partei auftreten.[47]

Erhebliche Auswirkungen auf den Erfolg einer Mediation kann der rechtzeitige Beginn haben.[48] Um die Vorteile einer frühzeitigen Mediation schon im Verwaltungsverfahren herauszustellen, ist die vorliegende Untersuchung daher auf das Stadium des Verwaltungsverfahrens begrenzt. Die gerichtsinterne Mediation, die erst im Verwaltungsgerichtsverfahren ansetzt,[49] wird zwar erwähnt, weil dort durchgeführte Modellversuche[50] unter Umständen Vorbildwirkung für Mediation zwischen Behörden und Bürgerinnen und Bürgern haben können, kann aber nicht in ihrer Tiefe durchdrungen werden.[51]

Stattdessen geht die vorliegende Untersuchung dazu über, einen wesentlichen Schwerpunkt auf die Erarbeitung von Empfehlungen zu setzen, die sich an den Gesetzgeber und diejenigen richten, die in Behörden Verantwortung tragen (D.). Bei den Empfehlungen handelt sich insbesondere um gesetzliche Initiativen zur Aufnahme von Mediationsvorschriften in die Verwaltungsgesetzgebung auf Bundes- und Landesebene. Dabei sollen auch die Einrichtung von Koordinierungsstellen für Mediation in Verwaltungsangelegenheiten und ihr Verhältnis zu den Bürgerbeauftragten der Bundesländer aufgegriffen werden. Gleichermaßen geht es um die Frage, welche Rolle Vorreiterinnen und Vorreiter sowie ihre Netzwerke spielen, um Mediation zwischen Behörden und Bürgerinnen und Bürgern sichtbarer zu machen und einen höheren Grad an Vertrautheit mit dem Mediationsverfahren herbeizuführen. Es geht also im Kern auch darum, wie Mediation für Behörden und Bürgerinnen und Bürger durch praktische Erfahrungen erlebbar werden kann.

Die vorliegende Untersuchung schließt mit einem Fazit und gibt einen Ausblick auf die mögliche künftige Entwicklung der Mediation zwischen Behörden und Bürgerinnen und Bürgern (E.).

---

[47] Zur Unterscheidung von Konflikten innerhalb der Verwaltung von solchen nach außen zu Bürgerinnen und Bürgern *Büsser*, YSAS 2011, 139 und *Tilp*, VM 2009, 90 f. sowie BT-Drucksache 19/18374 vom 01. 04. 2020 und BT- Drucksache 19/28810 vom 21. 04. 2021.

[48] *Ruthig*, in: *Kopp/Schenke*, Verwaltungsgerichtsordnung: Kommentar, § 1, Rn. 36b.

[49] Mit ihr befasst sich u. a. *Ortloff*, NVwZ 2007, 33 f.; z. B. im Zusammenhang mit Klagen gegen schulrechtliche Ordnungsverfügungen *von Bargen, J.*, Die Verwaltung 2010, 405, 421; ebenfalls *Schenke*, in: *Kopp/Schenke*, Verwaltungsgerichtsordnung: Kommentar, § 173, Rn. 4a ff.

[50] Zu den Modellversuchen an mehreren deutschen Verwaltungsgerichten *von Bargen, J.*, DVBl. 2004, 468 ff.

[51] Weitergehend zur Mediation in der Verwaltungsgerichtsbarkeit *Ziekow*, NVwZ 2004, 390 ff.

B. Rechtliche Grundlagen der Mediation

Die vorliegende Untersuchung beginnt in diesem Kapitel mit dem Mediationsgesetz und den darin zum Ausdruck kommenden Grundsätzen der Mediation[52] und ihren Zielen, ehe die rechtliche Ausgangslage im VwVfG und in der VwGO beleuchtet wird.

I. Mediationsgesetz

Die rechtlichen Grundlagen des Mediationsverfahrens sind seit 2012 im MediationsG zu finden, mit dem die europäische Richtlinie 2008/52/EG[53] umgesetzt wird. Gemäß § 1 Abs. 1 MediationsG handelt es sich bei der Mediation um ein vertrauliches und strukturiertes Verfahren, bei dem Parteien mithilfe eines oder mehrerer Mediatoren[54] freiwillig und eigenverantwortlich eine einvernehmliche Beilegung ihres Konflikts anstreben. Die Person, die die Parteien durch die Mediation führt, ist der Mediator, den § 1 Abs. 2 MediationsG als unabhängige und neutrale Person ohne Entscheidungsbefugnis beschreibt. Trotz der bisher eher übersichtlichen Bezugnahmen in der Verwaltungsgesetzgebung, handelt es sich bei dem Mediationsgesetz um ein Bundesgesetz, das grundsätzlich sowohl auf zivil- als auch verwaltungsrechtliche Konflikte Anwendung finden kann.[55] Die im Folgenden erläuterten Grundsätze gelten insoweit in der Regel auch für eine Mediation, an der die öffentliche Verwaltung als Konfliktpartei beteiligt ist.

---

52 § 2 Abs. 2 MediationsG spricht von »Grundsätzen«, in der Fachliteratur wird teilweise auch von »Prinzipien« gesprochen, zu dieser Begriffsfrage *Bauckmann* in: *Feuerich/Weyland*, BRAO, 2024, MediationsG, § 1, Rn. 5 ff.

53 Richtlinie 2008/52/EG des Europäischen Parlaments und des Rates vom 21. Mai 2008 über bestimmte Aspekte der Mediation in Zivil- und Handelssachen (ABl. L 136 S. 3), CELEX-Nr. 3 2008 L 0052.

54 Bei mehreren Mediatorinnen bzw. Mediatoren wird von Co-Mediation gesprochen, Dürschke, NZS 2013, 41, 49.

55 *Dendorfer-Ditges*, Konfliktdynamik 2023, 68; zu dieser Einschätzung kommt ebenfalls *Pünder* in: *Ehlers/Pünder*, Allgemeines Verwaltungsrecht, 2022, § 16, Rn. 4; *Guckelberger*, NVwZ 2011, 390, 392 ff., 396, die aufgrund von Art. 84 Abs. 1 S. 1 GG Regelungsbedarf bei den Ländern zur außergerichtlichen Mediation im Verwaltungsrecht sieht.

II. Grundsätze der Mediation

1. Eigenverantwortlichkeit

Gemäß § 1 Abs. 1 MediationsG streben die Parteien eigenverantwortlich eine Beilegung ihres Konflikts an. Zunächst sind gemäß § 2 Abs. 1 MediationsG sie es, die den Mediator auswählen. Ist eine eigenverantwortliche Kommunikation zur Beilegung des Konflikts nach Auffassung des Mediators nicht zu erwarten, kann er die Mediation gemäß § 2 Abs. 5 S. 2 Alt. 1 MediationsG beenden.

2. Freiwilligkeit

In sehr engem Zusammenhang mit dem Grundsatz der Eigenverantwortlichkeit steht der Grundsatz der Freiwilligkeit.[56] Gemäß § 1 Abs. 1 MediationsG streben die Parteien freiwillig eine Beilegung ihres Konflikts an. Konfliktparteien steht es frei, zu jedem Zeitpunkt – und ohne Gründe zu nennen – das Mediationsverfahren zu verlassen.[57] Die Konfliktparteien können gemäß § 2 Abs. 5 S. 1 MediationsG die Mediation jederzeit beenden.

Grundsätzlich müssen alle Konfliktbetroffenen Zugang zur Mediation haben, gegebenenfalls über Vertreterinnen und Vertreter, die einzelne Konfliktgruppen repräsentieren.[58] Denn nachhaltige Lösungen sind nur gewährleistet, wenn wirklich alle Perspektiven in der Mediation Raum erhalten. Die Anzahl der Konfliktparteien kann – insbesondere bei Mediationen im öffentlichen Bereich – besondere Anforderungen an Mediatorinnen und Mediatoren stellen.[59] Beispielsweise sind Kanäle der Rückkopplung zwischen den Repräsentantinnen und Repräsentanten und ihren Gruppen mitzudenken.[60]

---

[56] *Gläßer* in: *Klowait/Gläßer*, Mediationsgesetz: Handkommentar, 2025, Teil 2, Art. 1, § 2 MediationsG, Rn. 9.

[57] *Ziegler* in: *Plagemann/Bieresborn/Schafhausen*, Münchener Anwaltshandbuch Sozialrecht, 2024, § 44, Rn. 59; *Troja*, Umweltkonfliktmanagement und Demokratie, 2001, S. 13.

[58] *Pünder* in: *Ehlers/Pünder*, Allgemeines Verwaltungsrecht, 2022, § 16, Rn. 6; *Ramsauer/Tegethoff*, in: *Kopp/Ramsauer*, Verwaltungsverfahrensgesetz: Kommentar, 2024, Einführung I, Rn. 112; *Ruthig*, in: *Kopp/Schenke*, Verwaltungsgerichtsordnung: Kommentar, § 1, Rn. 39; *Holznagel/Ramsauer*, VerwArch. 2013, 131, 146 ff.

[59] *Troja/Meuer* in: *Krainz*, Handbuch Mediation und Konfliktmanagement, 2005, S. 219, 228 ff.

[60] *Schmidt*, in: *Kracht/Niedostadek/Sensburg*, Praxishandbuch Professionelle Mediation, 2023, S. 739, 754.

3. Ergebnisoffenheit

Obwohl die Mediation gemäß § 1 Abs. 1 MeditionsG ein strukturiertes Verfahren ist und auf eine Abschlussvereinbarung zielt, ist allgemein anerkannt, dass das Mediationsverfahren ergebnisoffen ist.[61] Falls keine Vereinbarung im Rahmen der Mediation zustande kommt, bleiben insofern die herkömmlichen Wege der Konfliktbearbeitung, wie zum Beispiel eine Auseinandersetzung vor Gericht, den Konfliktparteien erhalten.[62] Ist eine Einigung nach Auffassung des Mediators nicht zu erwarten, kann der Mediator gemäß § 2 Abs. 6 S. 2 Alt. 2 MediationsG die Mediation beenden.

4. Vertraulichkeit

Gemäß § 1 Abs. 1 MediationsG ist Mediation ein vertrauliches Verfahren. Gewährleistet wird dies üblicherweise durch Verschwiegenheit und den Ausschluss der Öffentlichkeit.[63] Forderungen nach mehr Transparenz[64] machen es mitunter erforderlich, sich frühzeitig und klar zur Einbeziehung der Öffentlichkeit in die Konfliktbearbeitung zu verständigen.[65] Sie ermöglicht demokratieförderliche Mitsprache, weil die an Entscheidungen zu beteiligenden Bürgerinnen und Bürger informiert sind und der Entscheidungsprozess für sie erkennbar und nachvollziehbar ist.[66] Mithilfe passgenauer Vereinbarungen über die Art und Weise der Öffentlichkeitsbeteiligung lässt sich trotz gewisser Informationsweitergabe der für die Mediation nötige vertrauliche Rahmen wahren.[67] Da Mediation ein

---

[61] *Bauckmann* in: *Feuerich/Weyland*, BRAO, 2024, MediationsG, § 1, Rn. 5, 11 f., weshalb Strukturierungen über das fünfphasige Modell hinaus nicht angezeigt seien.

[62] *Zilleßen* in *Zilleßen*, Mediation – Kooperatives Konfliktmanagement in der Umweltpolitik, 1998, S. 17 f.; von einer Erweiterung der herkömmlichen sachorientierten Konfliktlösungsverfahren sprechen *Grobosch/Heymann*, NJW 2012, 3626, 3628.

[63] *Ulrich/Vogt*, DS 2009, 217, 222.

[64] *Hammacher*, MEDIATOR 2015, 27 sowie *Hammacher*, NZBau 2014, 607 f.

[65] Welche Informationen mit der Öffentlichkeit geteilt werden sollen, kann ebenso Gegenstand einer Vereinbarung sein wie der Zeitpunkt und das gewählte Medium, *Rüssel*, JA 2006, 470, 473; am Beispiel einer Presseerklärung *Schmidt*, in: *Kracht/Niedostadek/Sensburg*, Praxishandbuch Professionelle Mediation, 2023, S. 739, 746 f.; besondere Anforderungen an die Mediatorinnen und Mediatoren sehen bei Mediationen im öffentlichen Bereich gegenüber Mediationen im zivilrechtlichen Bereich, wie z. B. Familienmediationen oder Wirtschaftsmediationen, *Troja/Meuer* in: *Krainz*, Handbuch Mediation und Konfliktmanagement, 2005, S. 219, 227.

[66] *Hammacher*, NZBau 2014, 607 f., der sich dafür ausspricht, Vertraulichkeit auf der einen und Öffentlichkeit und Transparenz auf der anderen Seite in ein gutes Gleichgewicht zu bringen.

[67] Zum Schaden sog. Fensterreden *Schmidt*, in: *Kracht/Niedostadek/Sensburg*, Praxishandbuch Professionelle Mediation, 2023, S. 739, 755.

konsensuales Verfahren ist,[68] gilt insoweit auch in Hinblick auf die Einbeziehung der Öffentlichkeit, dass hierüber Einvernehmen zu erzielen ist.[69]

5. Neutralität und Allparteilichkeit

Gemäß § 1 Abs. 2 MediationsG ist der Mediator eine unabhängige und neutrale Person. Der Bezug auf das lateinische Wort *media* (Mitte) ist insofern einprägsam, da sich die Mediatorin oder der Mediator tatsächlich in der Mitte der Konfliktparteien aufzuhalten hat, was ein besonderes Maß an Zugewandtheit, Präsenz und vor allem Empathie erfordert.[70] Er ist gemäß § 2 Abs. 3 S. 1 MediationsG allen Parteien gleichermaßen verpflichtet. Über Entscheidungsbefugnis darf die Mediatorin oder der Mediator gemäß § 1 Abs. 2 MediationsG nicht verfügen.[71]

6. Informiertheit

Nur wenn die Konfliktparteien hinreichend über das Mediationsverfahren informiert sind, können ihre Teilnahme und im Verlauf zu treffende Entscheidungen selbstbestimmt erfolgen.[72] Gemäß § 3 Abs. 2 MediationsG hat sich der Mediator zu vergewissern, dass die Parteien die Grundsätze und den Ablauf des Mediationsverfahrens verstanden haben. Ihn treffen darüber hinaus Offenbarungspflichten, die sich aus § 3 MediationsG ergeben. Dazu zählt unter anderem, dass er den Parteien gemäß § 3 Abs. 1 S. 1 MediationsG alle Umstände offenzulegen hat, die seine Unabhängigkeit und Neutralität beeinträchtigen können. Kommt es zu einer Einigung, wirkt der Mediator gemäß § 2 Abs. 6 S. 1 MediationsG darauf hin, dass die Parteien die Vereinbarung in Kenntnis der Sachlage treffen und ihren Inhalt verstehen. Parteien, die ohne fachliche Beratung an der Mediation teilnehmen, hat er gemäß § 3 Abs. 6 S. 2 MediationsG auf die Möglichkeit hinzuweisen, die Vereinbarung bei Bedarf durch externe Berater überprüfen zu lassen.

---

[68] *Hagel* in: *Klowait/Gläßer*, Mediationsgesetz: Handkommentar, 2025, Teil 2, Art. 1, § 1 MediationsG, Rn. 17.

[69] *Hagel* in: *Klowait/Gläßer*, Mediationsgesetz: Handkommentar, 2025, Teil 2, Art. 1, § 1 MediationsG, Rn. 9.

[70] *Ulrich/Vogt*, DS 2009, 217, 221 f.

[71] *Pünder* in: *Ehlers/Pünder*, Allgemeines Verwaltungsrecht, 2022, § 16, Rn. 13, 25.

[72] *Gläßer* in: *Klowait/Gläßer*, Mediationsgesetz: Handkommentar, 2025, Teil 2, Art. 1, § 2 MediationsG, Rn. 10.

7. Strukturiertheit durch Phasen

Gemäß § 1 Abs. 1 MediationsG ist die Mediation ein strukturiertes Verfahren. Diese Strukturiertheit findet ihren Ausdruck in mehreren Phasen.[73] Werden in einer Konfliktbearbeitung nur Teilaspekte einer Mediation zur Anwendung gebracht und unter Umständen nicht sämtliche Grundsätze der Mediation eingehalten, sollte zur klaren Unterscheidung nicht von einem Mediationsverfahren, sondern lediglich von der Anwendung mediativer Elemente gesprochen werden.[74] In Wissenschaft und Praxis besonders anerkannt sind Mediationsmodelle, wie das der Europa-Universität Viadrina, mit fünf Phasen und der Interessenklärung als Herzstück.[75] Die Unterscheidung von Positionen und Interessen kann zum Beispiel im Fall eines Flughafenstreits sehr anschaulich dargestellt werden: Hinter der Position des Betreibers, eine zusätzliche Landebahn zu bauen, steht möglicherweise das Interesse, die Wettbewerbsfähigkeit des Flughafens zu erhöhen. Hinter der Position der Bürgerinitiative, die zusätzliche Landebahn nicht zu bauen, stehen möglicherweise die Interessen, die herrschende Stille oder den jeweiligen Marktwert der im Umfeld liegenden Grundstücke zu erhalten.[76] Unter dem Interesse einer Konfliktpartei ist insoweit das zu verstehen, was sie dazu bewegt hat, eine bestimmte Position einzunehmen.[77]

Bezogen auf die zu Beginn der vorliegenden Untersuchung geschilderte Sperrung der Berliner Ringbahnbrücke und die Auswirkungen auf die Bevölkerung im Bezirk Charlottenburg kann die Unterscheidung von Positionen und Interessen ebenfalls anschaulich verdeutlicht werden: Hinter der Position der Verkehrsbehörde, eine neue Verkehrsroute einschließlich von Schwerlastverkehr einzurichten, steht möglicherweise das Interesse, die Sicherheit und Leichtigkeit des Verkehrs für ein größeres Gebiet si-

---

[73] Mit fünf Phasen *Hehn* in: *Dombert/Witt*, Münchener Anwaltshandbuch Agrarrecht, 2022, § 4, Rn. 52 ff., der auch andere Phasenmodelle nennt, die zwischen drei und zwölf Phasen aufweisen; mit drei Phasen Siegel, NuR 2002, 79, 81 ff; mit sechs Phasen *Troja*, Umweltkonfliktmanagement und Demokratie, 2001, S. 13 ff.; von mehreren »Schritten« sprechen *Ulrich/Vogt*, DS 2009, 217, 222 f.; mit geringen Anforderungen an die Strukturiertheit *Ahrens*, NJW 2012, 1465 f.

[74] Verwendung findet der Begriff der mediativen Elemente u. a. bei *Härtel*, VerwArch. 2007, 54, 70 ff.; mit einer Einordnung des Begriffs *Pitschas*, NVwZ 2004, 396, 400 f.; ebenfalls verwendet wird der Begriff im Steuerrechtsverfahren von *Boochs*, DStR 2006, 1062 f.

[75] *Gläßer* in: *Klowait/Gläßer*, Mediationsgesetz: Handkommentar, 2025, Teil 2, Art. 1, § 2 MediationsG, Rn. 82; leicht abgewandelt *Schütte*, DÖV 2022, 364, 368 f.

[76] Dieses Beispiel bei *Pünder* in: *Ehlers/Pünder*, Allgemeines Verwaltungsrecht, 2022, § 16, Rn. 10.

[77] *Fritz/Pielsticker*, Handbuch Mediationsrecht, 2024, Abschnitt 5, Teil B, Rn. 47.

cherzustellen. Hinter der Position von Anwohnerinnen und Anwohnern eines Kiezes, den Verkehr nicht vor ihren Wohnungen entlang zu führen, steht möglicherweise das Interesse, saubere Luft, Ruhe und Sicherheit beim Queren der Straße zu erhalten.

III. Ziele des Mediationsverfahrens

Ziele des Mediationsverfahrens sind in solchen Konflikten neben der Ermöglichung von für alle Konfliktparteien vorteilhaften Situationen (Win-win-Situationen) vor allem die beschleunigte Konfliktlösung und die Reduzierung von Transaktionskosten.[78] Mit Transaktionskosten sind die indirekten Kosten des Konflikts gemeint.[79] Zu diesen gehört zum Beispiel der Aufwand, rechtliche Ansprüche durchzusetzen, was eine damit einhergehende emotionale Belastung beinhalten kann.[80] Wesentliche Vorteile einer Mediation lassen sich einer Entscheidung des Bundesverfassungsgerichts (BVerfG) zur Streitschlichtung entnehmen, der zufolge durch das Ausbleiben eines Gerichtsverfahrens eine beschleunigte und kostengünstige Konfliktbearbeitung erfolgen kann.[81] Gemäß § 2 Abs. 6 S. 3 MediationsG kann die erzielte Einigung mit Zustimmung der Parteien in einer Abschlussvereinbarung dokumentiert werden.

IV. Verwaltungsverfahrensgesetz

Das Verwaltungsverfahren ist gemäß § 9 VwVfG die nach außen wirkende Tätigkeit der Behörden, die auf die Prüfung der Voraussetzungen, die Vorbereitung und den Erlass eines Verwaltungsaktes oder auf den Abschluss eines öffentlich-rechtlichen Vertrags gerichtet ist. Es schließt den Erlass des Verwaltungsaktes oder den Abschluss des öffentlich-rechtlichen Vertrags ein. Auch wenn sich im VwVfG an keiner Stelle das Wort Mediation

---

[78] *Risse,* NZA 2017, 1030, 1036, für den weniger die Win- win-Situationen zentral sind, sondern durch den frühen Einsatz von Mediation allein schon in der beschleunigten Konfliktlösung und Reduzierung der Transaktionskosten erhebliche Vorzüge zu sehen sind; in Abgrenzung zu Gewinner-Verlierer-Situationen mit Frustrationspotential auf der unterlegenen Seite *Tilp,* VM 2009, 90 f.

[79] Mit mehreren Beispielen für direkte und indirekte Kosten *Dendorfer-Ditges,* in *Moll/Eckhoff/Reufels,* Münchener Anwaltshandbuch Arbeitsrecht, 2025, § 80, Rn. 324.

[80] Zur Frage der Kosten *Pünder* in: *Ehlers/Pünder,* Allgemeines Verwaltungsrecht, 2022, § 16, Rn. 18.

[81] BVerfG, Beschluss vom 14. Februar 2007 – 1 BvR 1351/01 – Rn. 35.

finden lässt,[82] ist anerkannt, dass der öffentlichen Verwaltung der Weg in die Mediation vor dem Verwaltungsverfahren, begleitend und im Nachgang zum Verwaltungsverfahren eröffnet ist.[83]

Nimmt die öffentliche Verwaltung an einer Mediation teil, macht sie diese nicht allein dadurch zu einem Verwaltungsverfahren im Sinne von §§ 9 ff. VwVfG, was in der Konsequenz ebenfalls bedeutet, dass ein Mediationsergebnis weder einen Verwaltungsakt noch einen öffentlich-rechtlichen Vertrag enthält.[84] Die Mediationsvereinbarung stellt lediglich eine Absichtserklärung (Gentlemen's Agreement) dar.[85] Mediation kann das Verwaltungsverfahren im Sinne von § 9 VwVfG nicht überflüssig machen, da sie lediglich eine vorbereitende oder begleitende Funktion hat.[86] Damit ein Mediationsergebnis praktisch wirksam wird, braucht es verwaltungsrechtliches Handeln seitens der an der Mediation beteiligten Behörde, wie zum Beispiel einen Verwaltungsakt.[87]

Einen Anknüpfungspunkt für die verwaltungsrechtliche Einordnung des Mediationsverfahrens bildet § 10 S. 1 VwVfG, wonach das Verwaltungsverfahren nicht an bestimmte Formen gebunden ist, soweit keine besonderen Rechtsvorschriften für die Form des Verfahrens bestehen. Zudem ist es gemäß § 10 S. 2 VwVfG einfach, zweckmäßig und zügig durchzuführen.[88] Darauf aufbauend wird vertreten, dass es einer Rechtsgrundlage aufgrund von § 10 VwVfG nicht bedarf, weil die öffentliche Verwaltung an eine bestimmte Form nicht gebunden ist und zur zweckmäßigen Durchführung Ermessen ausüben darf.[89] Die Anwendung von Mediation im Verwaltungs-

---

[82] Aufgrund dieses Befunds mit Regelungsbedarf *Guckelbeger*, NVwZ 2011, 390, 392.

[83] *Ramsauer/Tegethoff*, in: *Kopp/Raumsauer*, Verwaltungsverfahrensgesetz: Kommentar, 2025, Einführung I, Rn. 110; von vorgelagerter und begleitender Mediation spricht *Tilp*, VM 2009, 90, 94.

[84] *Guckelberger*, NVwZ 2011, 390, 394; vielmehr bedarf es einer Überführung in einen Verwaltungsakt oder öffentlich-rechtlichen Vertrag, *Fritz*, in: *Kracht/Niedostadek/Sensburg*, Praxishandbuch Professionelle Mediation, 2023, S. 733, 736 sowie *Härtel*, VerwArch. 2007, 54, 71.

[85] *Holznagel/Ramsauer* in: *Haft/Gräfin von Schlieffen*, Handbuch Mediation, 2002, § 44, Rn. 4.

[86] *Härtel*, JZ 2005, 753, 757; ähnliche Ansicht schon *Holznagel/Ramsauer* in: *Haft/Gräfin von Schlieffen*, Handbuch Mediation, 2002, § 44, Rn. 4.

[87] *Holznagel/Ramsauer* in: *Haft/Gräfin von Schlieffen*, Handbuch Mediation, 2002, § 44, Rn. 2, 4, 22 f.; *Tilp*, VM 2009, 90, 94 f.; *Damerau/Zemmrich*, JA 2007, 203, 205.

[88] Zur Zulässigkeit der Mediation aufgrund von § 10 VwVfG und dem Verfahrensgrundsatz der Zweckmäßigkeit *Pünder* in: *Ehlers/Pünder*, Allgemeines Verwaltungsrecht, 2022, § 16, Rn. 20.

[89] Zum Stand der Diskussion *Härtel*, JZ 2005, 753, 757 f., die für die Mediation im Verwaltungsrecht eine Rechtsgrundlage nicht für erforderlich hält; *Pitschas*, NVwZ 2004, 396, 399; *Brohm*, DVBl. 1990, 321 f.; zu sog. Arrangements bereits *Eberle*, Die Verwaltung 1984, 439, 442, 463 f.; a. A. *Soffner*, Mediation im Sozialrecht, 2017, S. 46 f.; § 10 VwVfG jedenfalls über eine Erprobungsphase hinaus als unzu-

verfahren ist insoweit zulässig.[90] Dadurch wird die Schaffung ausdrücklicher Rechtsgrundlagen im Verwaltungsverfahrensrecht in Form neuer Mediationsvorschriften aber keineswegs überflüssig, wie das spätere Kapitel zum gesetzlichen Anpassungsbedarf zeigen wird.[91]

V. Verwaltungsgerichtsordnung

Die VwGO sieht vor, dass Konflikte im Bereich des öffentlichen Rechts in der Regel vor den Verwaltungsgerichten auszutragen sind, sofern der Verwaltungsrechtsweg im Sinne von § 40 Abs. 1 S. 1 VwGO eröffnet ist. Im Übrigen verweist die VwGO zur vorgerichtlichen Konfliktklärung im Wesentlichen auf das Widerspruchsverfahren gemäß §§ 68 Abs. 1 S. 1, 69 VwGO.

Wie schon im VwVfG findet sich auch in der VwGO an keiner Stelle das Wort Mediation.[92] Im Hinblick auf alternative Möglichkeiten der Konfliktbearbeitung ist insofern die Vorschrift des § 173 S. 1 VwGO beachtenswert,[93] über die § 278 Abs. 5 und § 278a Zivilprozessordnung (ZPO) Anwendung finden und somit auch im Bereich des öffentlichen Rechts eine gerichtsinterne Mediation in Betracht kommen kann. Diese zeichnet sich im Unterschied zu der dem Gerichtsverfahren vorgelagerten Mediation insbesondere durch die enge Anbindung an das Gericht aus.[94] Hatte die gerichtsinterne Mediation ursprünglich in Form von Modellversuchen begonnen,[95] stellt sie inzwischen ein reguläres Angebot der Verwaltungsgerichte dar.[96]

---

reichend *Schmidt- Aßmann*, in: *Hoffmann-Riem/Schmidt-Aßmann*, Konfliktbewältigung durch Verhandlungen, Bd. 2, 1990, S. 9, 25 f.

90 Abgeschlossen ist die Diskussion über die Anwendung der Mediation im öffentlichen Recht für *Fritz*, in: *Kracht/Niedostadek/Sensburg*, Praxishandbuch Professionelle Mediation, 2023, S. 733 f.; verneint wurde das Erfordernis einer Rechtsgrundlage für die Mediation bereits von *Holznagel/Ramsauer* in: *Haft/Gräfin von Schlieffen*, Handbuch Mediation, 2002, § 44, Rn. 4; mit ausdrücklichem Bezug auf § 10 VwVfG *Wagner/Engelhardt*, NVwZ 2001, 370 f.

91 Kapitel D. III.

92 Zum Fehlen des Wortes Mediation *Guckelbeger*, NVwZ 2011, 390, 392.

93 Mit Kritik, dass die Vorschrift »versteckt« und »am Ende« der VwGO zu finden ist, *Guckelbeger*, NVwZ 2011, 390, 392.

94 Vertiefend zur Mediation im Verwaltungsgerichtsverfahren, in dem gerichtsnahe, gerichtsverbundene und gerichtsinterne Mediation unterschieden werden, *Ortloff*, NVwZ 148.

95 Mit mehreren Beispielen *von Bargen, J.*, DVBl. 2004, 468, 473 f.; zur sozialgerichtsinternen Mediation *Friedrich*, Mediation in der Sozialgerichtsbarkeit, 2011, S. 219 f.; *Pünder* in: *Ehlers/Pünder*, Allgemeines Verwaltungsrecht, 2022, § 16, Rn. 19, der nach Analyse der Berichte über die in nahezu allen Bundesländern durchgeführten Modellversuche »eine verhalten positive Bilanz« zieht.

96 Einen Überblick, wie die Mediation innerhalb des Verwaltungsgerichtsverfahrens Fuß gefasst hat, bietet *Ortloff*, NVwZ 2007, 33 f.; kritisch *Korte*, in: *Klowait/Gläßer*, Mediationsgesetz: Handkom-

Die gerichtsinterne Mediation ist nicht als Konkurrenz zur außergerichtlichen Mediation zu verstehen.[97] Hinsichtlich des Zeitpunkts bleibt allerdings die möglichst früh in einem Verwaltungsverfahren durchgeführte Mediation zwischen Behörden und Bürgerinnen und Bürgern die vorzugswürdige Variante, da der Konflikt im Verwaltungsverfahren von kürzerer Dauer und in der Regel nicht oder zumindest nicht so stark eskaliert ist wie später vor Gericht, was wiederum eine gütliche Einigung begünstigen kann.[98] Im Unterschied zur gerichtsinternen Mediation steht sie daher im Zentrum der weiteren Untersuchung.

VI. Zwischenfazit

Die Mediation ist in Deutschland ein anerkanntes und etabliertes Konfliktbearbeitungsinstrument, das 2012 mit dem Mediationsgesetz eine gesetzliche Regelung erfahren hat. Auch ohne ausdrückliche Erwähnung im VwVfG und der VwGO ist Mediation im Bereich des öffentlichen Rechts anwendbar. Das Mediationsverfahren läuft grundsätzlich in mehreren Phasen ab, wobei die Interessenklärung einen zentralen Aspekt darstellt. Nach über zehn Jahren seit Entstehung des MediationsG sind die darin niedergeschriebenen Grundsätze im Wesentlichen anerkannt. Auch wenn den Konfliktparteien mit der Mediation ein alternativer Weg offensteht, ihren Konflikt zu bearbeiten, bleiben die herkömmlichen Wege der Konfliktbearbeitung, wie im öffentlichen Recht das Widerspruchsverfahren beziehungsweise das Verwaltungsgerichtsverfahren, aufgrund der Ergebnisoffenheit des Mediationsverfahrens den Konfliktparteien nicht verschlossen. Kommen in einer Konfliktbearbeitung nur Teilaspekte einer Mediation zur Anwendung, sollte lediglich von der Anwendung mediativer Elemente gesprochen werden.

---

mentar, 2025, Teil 2, Art. 6, § 173 VwGO, Rn. 18, der zwar die einheitlichen Verfahrensordnungen in § 173 VwGO, § 202 SGG und 155 FGO begrüßt, jedoch die Einführung des Güterichtermodells an den Verwaltungsgerichten nicht als Erfolg wertet; zur Mediation durch den Güterichter im Übrigen *Schübel-Pfister*, in: *Eyermann*, Verwaltungsgerichtsordnung: Kommentar, 2022, § 1, Rn. 22 ff.

[97] *Ortloff*, NVwZ 2012, 1057, 1061.

[98] Kantonale Behörde für Öffentlichkeit, Datenschutz und Mediation des Staates Freiburg, Tätigkeitsbericht 2023, S. 27; wegen häufig verhärteter Positionen im späteren Konfliktstadium ebenfalls für einen rechtzeitigen Beginn *Ruthig*, in: *Kopp/Schenke*, Verwaltungsgerichtsordnung: Kommentar, § 1, Rn. 36b.

C. Exemplarische Anwendungsfelder für Mediation und mediative Elemente im öffentlichen Recht

Mit der Zeit wurden für mehrere Fachgebiete des öffentlichen Rechts Mediationsansätze diskutiert und etabliert, wobei der Gesetzgeber und die Fachliteratur im Hinblick auf die für Mediation geeigneten Sachverhalte zwischen Konfliktsituationen im Außen- und Innenverhältnis unterscheiden.[99] Wie eingangs angedeutet, können in diesem Kapitel die Anwendungsfelder für Mediation und mediative Elemente im öffentlichen Bereich aufgrund des begrenzten Rahmens der vorliegenden Untersuchung lediglich exemplarisch besprochen werden und sie erhebt daher keinen Anspruch auf Vollständigkeit.[100] Das betrifft insbesondere den Umgang mit multidimensionalen Konfliktlagen, die lediglich anhand von drei Anwendungsbeispielen angesprochen werden. Im Bereich der multidimensionalen Konfliktlagen wird das Anwendungsbeispiel der Bauplanung gewählt, da fachspezifische Mediationsvorschriften möglicherweise einen Türöffner für Behörden darstellen, Konflikte in einer Mediation zu bearbeiten. Im Hinblick auf das Anwendungsbeispiel der Planfeststellungsverfahren liegt höchstrichterliche Rechtsprechung vor, die möglicherweise Offenheit für die Anwendung von Mediation für weitere Bereiche im öffentlichen Bereich signalisiert. Zudem wirft das Anwendungsbeispiel aus dem Umweltrecht im Land Baden-Württemberg die Frage auf, inwieweit die Schaffung von Mediationsvorschriften auf Ebene der Bundesländer Vorteile hätte.

Neben dem Anwendungsbereich multidimensionaler Konfliktlagen bestehen im Außenverhältnis der öffentlichen Verwaltung weitere – nicht in vergleichbarem Umfang etablierte – Anwendungsbereiche für die Mediation mit wenigen Konfliktparteien. Aufgrund des Umstands, dass hier Mediationsvorschriften kaum bis gar nicht vorhanden sind, wird anhand mehrerer Beispiele vertiefter untersucht, inwieweit gerade in Konfliktsituationen mit wenigen Parteien Potentiale eines nachhaltigen Konfliktma-

[99] Zur Unterscheidung von Konfliktsituationen, in denen die Verwaltung selbst Partei ist, und solchen innerhalb der Verwaltung am Beispiel der Bundesverwaltung BT-Drucksache 19/18374 vom 01.04.2020 und BT-Drucksache 19/28810 vom 21.04.2021; von verwaltungsinternen Konflikten und solchen zu Bürgerinnen und Bürgern spricht *Büsser*, YSAS 2011, 139.

[100] Mit einem Überblick der grundsätzlich als mediationsgeeignet einzustufenden Rechtsgebiete des besonderen Verwaltungsrechts *Fritz*, in: *Kracht/Niedostadek/Sensburg*, Praxishandbuch Professionelle Mediation, 2023, S. 733, 736.

nagements mittels Mediation im Verhältnis von Behörden und Bürgerinnen und Bürgern liegen.

Gegen Ende des Kapitels werden, ohne in die Tiefe gehen zu können, Mediationserfahrungen innerhalb von und zwischen Behörden aufgegriffen. Der Grund hierfür liegt darin, dass die tangierten Aspekte, wie die Vertrautheit von Behördenbeschäftigten im Umgang mit Mediation und Zugriffsmöglichkeiten auf Mediatorinnen und Mediatoren, für den weiteren Verlauf der vorliegenden Untersuchung von Bedeutung sind, in dem es um etwaige Ansätze zur Ermutigung von Behörden geht, Konflikte mit Bürgerinnen und Bürgern in einer Mediation zu bearbeiten.

I. Anwendung von Mediation und mediativen Elementen im Außenverhältnis

1. Multidimensionale Konfliktlagen

a) Bauleitplanung

Als erstes Anwendungsbeispiel für Mediation im Außenverhältnis der öffentlichen Verwaltung ist die Bauleitplanung zu nennen. Gemäß § 1 Abs. 1 BauGB ist es die Aufgabe der Bauleitplanung, die bauliche und sonstige Nutzung von Gemeindegrundstücken vorzubereiten und zu leiten. Im Wege dieser Bauleitplanung können Konflikte sowohl bei der Aufstellung des vorbereitenden Bauleitplans (Flächennutzungsplan, §§ 1 Abs. 2 Alt. 1, 5 ff. BauGB) als auch des verbindlichen Bauleitplans (Bebauungsplan, §§ 1 Abs. 2 Alt. 2, 8 ff. BauGB) auftreten.[101]

Bei der Bauleitplanung ist es der Gesetzgeber, der die Tür für eine Mediation öffnet. Hinsichtlich der Bauleitplanung ist § 4b BauGB von Bedeutung. Denn insbesondere zur Beschleunigung können die Gemeinden gemäß § 4b S. 1 BauGB die Vorbereitung und Durchführung von Verfahrensschritten nach den §§ 2a bis 4a BauGB einem Dritten übertragen. § 4b S. 2 Alt. 1 BauGB stellt klar, dass sie einem Dritten auch die Durchführung einer Mediation übertragen können. Die umfassenden planerischen Gestaltungsspielräume der Bauleitplanung, in der es häufig um diverse Nutzungsansprüche sowie öffentliche und private Interessen geht, bieten in

[101] Dazu *Fritz/Pielsticker*, Handbuch Mediationsrecht, 2024, Abschnitt 5, I, Rn. 7; *Voß* in: *Johlen/Oerder*, Münchener Anwaltshandbuch Verwaltungsrecht, 2023, § 3, Rn. 111.

einer Mediation viele Lösungsoptionen.[102] Das vorliegende Anwendungsbeispiel der Bauleitplanung zeigt somit, dass sich Mediationsvorschriften in der Verwaltungsgesetzgebung des Bundes auf die Anwendung von Mediation im öffentlichen Bereich positiv auswirken können.

b) Planfeststellungsverfahren

Ein weiteres Anwendungsbeispiel für Mediation im Außenverhältnis der öffentlichen Verwaltung ist das Planfeststellungsverfahren. Planfeststellungsverfahren sind in §§ 72 ff. VwVfG geregelt und häufig von großer Komplexität geprägt.[103] Konflikte haben in diesem Bereich im Zuge der Energiewende an Aktualität gewonnen.[104] Sie bergen besonders viel Konfliktstoff, da neben den Investoren und der Planfeststellungsbehörde weitere Fachbehörden, Kommunen, Naturschutzverbände, Grundstückseigentümerinnen und Anwohner ihre Interessen geltend machen.[105] Neben den genannten Verwaltungen und Gruppen, die Einwände geltend machen können, melden sich bei Großprojekten häufig auch Akteure aus dem Bereich der Wirtschaft und der Medien zu Wort.[106] Zu Konfliktsituationen kommt es zum Beispiel bei Infrastrukturvorhaben mit Auswirkungen auf die Umwelt[107] wegen Lärm, Abgasen und der Folgen für Naturflächen.[108] Das Planfeststellungsverfahren »A100/A115, Umbau des Autobahndreiecks Funkturm« im Westen von Berlin ist hier ein aktuelles Beispiel.[109]

Frühe Öffentlichkeitsbeteiligung gemäß § 25 Abs. 3 S. 1 VwVfG bedeutet, dass die Behörde darauf hinwirkt, dass der Planungsträger von Vorhaben, die nicht nur unwesentliche Auswirkungen auf die Belange einer größeren Zahl von Dritten haben könnten, die betroffene Öffentlichkeit frühzeitig über die Ziele des Vorhabens, die Mittel, es zu verwirklichen, und die voraussichtlichen Auswirkungen des Vorhabens unterrichtet.[110] Wesentli-

---

[102] *Battis*, DÖV 2011, 340, 343 f.

[103] *Teubert*, Mitarbeiter der Verwaltung als Mediatoren in Verwaltungsverfahren?, 2011, S. 139, der von multipolaren Entscheidungssituationen spricht.

[104] *Leschinger/Hübner*, Konfliktdynamik 2022, 97, 101 ff.

[105] *Voß* in: *Johlen/Oerder*, Münchener Anwaltshandbuch Verwaltungsrecht, 2023, § 3, Rn. 95.

[106] *Mecking*, NVwZ 1992, 354.

[107] *von Bargen, M.*, ZUR 2012, 468, 472.

[108] *Teubert*, Mitarbeiter der Verwaltung als Mediatoren in Verwaltungsverfahren?, 2011, S. 139 f.

[109] Fernstraßen-Bundesamt, Gz. P2_02-01-04-01#00007.

[110] Tiefergehend u. a. zum Hintergrund und Anwendungsbereich der Vorschrift *Schreiber*, Mediation als Instrument der frühen Öffentlichkeitsbeteiligung gem. § 25 Abs. 3 VwVfG, 2020, S. 138 ff.

che Ziele, die der Gesetzgeber mit der Vorschrift verfolgt, sind mehr Offenheit und Zustimmung zu Großvorhaben sowie die Entlastung des Planfeststellungsverfahrens durch weniger Gerichtsverfahren, indem Konflikte in einem frühen Stadium gelöst werden oder im besten Falle durch die rechtzeitige Beteiligung gar nicht erst aufkommen.[111]

Auch wenn Mediation bei Planfeststellungsverfahren häufig nicht leicht in ihrer Durchführung ist,[112] gibt es mehrere Gründe, warum sie dennoch zur Anwendung kommt. Planfeststellungsverfahren zählen zu solchen multidimensionalen Verfahren, an deren Ende eine Entscheidung steht, die nicht nur die Interessen einzelner berücksichtigt, sondern auch den Gemeinwohlinteressen gerecht wird, weshalb hier unterschiedliche gesellschaftliche Gruppen im Verlauf des Verfahrens mitwirken.[113] Proteste im Zusammenhang mit Infrastrukturvorhaben, wie zum Beispiel Flughäfen, Bahnhöfen, Windparks und Umspannwerken, machen den Wunsch Betroffener sichtbar, sich an der Planung und Umsetzung aktiv beteiligen zu können.[114] Vor diesem Hintergrund wird die Mediation als mögliches Instrument angesehen, in Planfeststellungsverfahren zu ausgewogenen Beschlüssen zu kommen.[115]

Das Bundesverwaltungsgericht hat grundsätzlich keine Bedenken, vor dem Planfeststellungsverfahren ein informelles Verfahren durchzuführen, in dem die darin auszuarbeitende Planungsempfehlung umfassenden Zuspruch der Öffentlichkeit finden kann.[116] Vieles spricht dafür, dass unter solch ein informelles Verfahren auch die Mediation fällt.[117] Denn mithilfe des interessenorientierten Ansatzes werden im Rahmen der Konfliktbearbeitung Standpunkte und Gefühle Betroffener greifbar und können auf eine Weise in die Konfliktbearbeitung einbezogen werden, dass die gefundenen Lösungen im Ergebnis zu einem Effizienzgewinn führen.[118] In geeigneten Fällen wurde die Mediation schon früh als mit dem Verwaltungsrecht vereinbare und effiziente Möglichkeit angesehen, Einwendun-

---

111 BT-Drucksache 17/9666 vom 16. 05. 2012, S. 15.

112 *Voss/Kockler*, Konfliktdynamik 2012, 58, 61 f.

113 *Lenk/Meyerholt/Wengelowski*, Wissensmanagement in Staat und Verwaltung, 2021, S. 37.

114 *Schreiber*, Konfliktdynamik 2020, 47.

115 Zur Mediation auf dem Gebiet des Luftverkehrsrechts *Siegel*, NuR 2002, 79, 86.

116 BVerwG, Urteil vom 3. März 2011 – 9 A 8/10 – Rn. 25.

117 *von Bargen, M.*, ZUR 2012, 468, 471.

118 *Schreiber*, Konfliktdynamik 2020, 47, 51.

gen frühzeitig zu bearbeiten und auszuräumen.[119] Ein etwaiger Vorbehalt der Behörde in einer Mediationsvereinbarung, dahingehend, dass sie mit Blick auf den Planfeststellungsbeschluss eine Abwägung trifft, die der im Mediationsverfahren entspricht, erscheint aufgrund des rechtlichen Rahmens im öffentlichen Recht tragbar.[120] Anhand des hier angesprochenen Anwendungsbeispiels der Planfeststellungsverfahren wird somit deutlich, dass die höchstrichterliche Rechtsprechung sich alternativen Wegen der Konfliktbearbeitung, einschließlich der Mediation, auch im Hinblick auf das öffentliche Recht grundsätzlich offen zeigt.

c) *Umweltmediation gemäß § 4 UVwG BW*

Im Bereich des Umweltrechts hat die Mediation Einzug in Teile der Landesgesetzgebungen gefunden. Die Umweltmediation wird in diesem Fall mit dem Verwaltungsverfahren verbunden.[121] Durch die Mediation können Investitionssicherheit hergestellt, finanzielle Nachteile durch Verzögerungen von Vorhaben vermieden und breiter Zuspruch für mögliche weitere Vorhaben erlangt werden.[122] In Baden-Württemberg ist die Umweltmediation in § 4 Umweltverwaltungsgesetz des Landes Baden-Württemberg (UVwG BW) geregelt. So kann gemäß § 4 Abs. 1 UVwG BW bei umweltbedeutsamen Vorhaben, bei denen sich erhebliche Konflikte mit der betroffenen Öffentlichkeit abzeichnen, die für die Zulassung des Vorhabens zuständige Behörde, bei Planfeststellungsverfahren die Anhörungsbehörde, die Durchführung einer Umweltmediation vorschlagen. Die Besonderheit hierbei ist, dass die Umweltmediation in § 4 Abs. 2 S. 4 UVwG BW – anders als im MediationsG – wegen des Öffentlichkeitsbezugs und des Transparenzgedankens nicht als vertrauliches Verfahren eingestuft wird.[123] Vor dem Hintergrund, dass insbesondere Umweltgruppen und Bürgerinitiativen in der Regel Öffentlichkeitsarbeit betreiben und gerade durch das Wirken in der Öffentlichkeit häufig auf Verhandlungen Einfluss nehmen,[124] ist

[119] *Brohm*, NVwZ 1991, 1025, 1033, der Mediation als Mittel ansieht, um Akzeptanz zu fördern und Verfahren zu verkürzen und zu beschleunigen.

[120] *Schäfer*, NVwZ 2006, 39, 44.

[121] Zur Verknüpfung von Umweltmediation und Verwaltungsverfahren *Feldmann*, NVwZ 2015, 321, 325 f.

[122] *Ulrich/Vogt*, DS 2009, 263, 265.

[123] *Hammacher*, MEDIATOR 2015, 27; bezüglich des Trends zu mehr Öffentlichkeit in der Konfliktbearbeitung *Hammacher*, NZBau 2014, 607 f.

[124] *Rüssel*, JA 2006, 470, 473.

das Abweichen vom Vertraulichkeitsgrundsatz wohl begründet. Es liegt daher in der Natur der Sache, dass über kontroverse Planungsvorhaben, wie zum Beispiel im Zusammenhang mit Fernstraßen und Flughäfen, bisweilen auch öffentlich gestritten wird.[125] Das vorliegende Anwendungsbeispiel aus dem Umweltrecht des Landes Baden-Württemberg veranschaulicht somit, dass neben dem Bundesgesetzgeber auch die Gesetzgeber auf Ebene der Bundesländer im Bereich des öffentlichen Rechts mit Mediationsvorschriften Impulse für eine nachhaltige Konfliktbearbeitung mittels Mediation setzen können.

2. Konflikte mit wenigen Parteien

a) Gewerbe- und Gaststättenbetrieb

Im Bereich des Gewerbe- und Gaststättenbetriebs empfiehlt sich den Konfliktparteien der Weg in die Mediation gleich aus mehreren Gründen, da es sich zum Beispiel für Betreiberinnen, Ordnungsbehörden und Anwohner lohnen kann, ihre Konflikte wegen der Entstehung von Lärm im Rahmen einer Mediation zu lösen.[126] Wie solche für alle vorteilhaften Lösungen aussehen können, zeigt sich im folgenden Fallbeispiel, bei dem sich eine Gaststätteninhaberin und der Bewohner der über der Gaststätte liegenden Wohnung aufgrund von Lärm in einem Konflikt befinden: Dadurch, dass die Gaststätteninhaberin nicht weit von der Gaststätte eine Wohnung hat, wird diese zum zentralen Baustein der Konfliktlösung. Denn durch einen Tausch kann die Gaststätteninhaberin in die Wohnung über der Gaststätte einziehen. Der vom Lärm betroffene Bewohner erhält im Gegenzug die Wohnung der Gaststätteninhaberin in der Nähe. Durch Ausgleichszahlungen können Unterschiede der beiden Wohnungen Berücksichtigung finden.[127] Mithilfe solcher oder ähnlicher Vereinbarungen werden unter Einbeziehung der zuständigen Behörden neue Lösungsoptionen für Streitfälle möglich, in denen eine Gewerbeuntersagung im Raum steht oder gegen eine Gaststättenerlaubnis vorgegangen wird, wie zum Beispiel eine Verständigung zur Terrassennutzung einer Gaststätte am Wochenende.[128]

---

[125] *Guckelberger*, NVwZ 2011, 390, 393.

[126] *Voß* in: *Johlen/Oerder*, Münchener Anwaltshandbuch Verwaltungsrecht, 2023, § 3, Rn. 137.

[127] Mit diesem Beispiel aus dem Gaststättenrecht *Ramsauer/Tegethoff*, in: *Kopp/Raumsauer*, Verwaltungsverfahrensgesetz: Kommentar, 2025, Einführung I, Rn. 109, Fn. 194.

[128] *Weigle*, ZKM 2009, 143, 145, die von einem solchen Fall der Stadtverwaltung Heidelberg berichtet.

b) *Bauen und Nutzung öffentlicher Flächen*

Neben dem Gaststättenrecht ist im Baurecht folgendes Beispiel sehr anschaulich: Weil durch das Bauvorhaben das Fenster der Nachbarin verdeckt wird, geht diese gegen die Baugenehmigung vor. Im Wege der Mediation kann das Interesse herausgearbeitet werden, dass das Zimmer am Fenster auch mit weniger Licht weiter genutzt werden kann, wenn das Haus weiteren Wohnraum erhält. Die Beteiligten können sich im Wege der Mediation unter Einbeziehung der Baubehörde auf eine Baugenehmigung für die Wohnhauserweiterung verständigen, weil die Behörde zu einer Dispenserteilung bereit ist.[129] Auch in diesem Beispiel ist die Behörde – ähnlich wie im Beispiel aus dem Gewerbe- und Gaststättenrecht – aufgrund ihrer Zuständigkeit Teil des Konfliktgeschehens, das mittels einer Mediation nachhaltig gelöst werden kann.

Behörden können Mediation ferner für die Bearbeitung von Konflikten wegen des Verlaufs von Wegen[130] und der Nutzung öffentlichen Straßenlandes in Betracht ziehen, wie zum Beispiel bei einer Sondernutzungserlaubnis nach einem Landesstraßengesetz[131] oder wegen der Einrichtung einer Bushaltestelle.[132] Ferner bietet es sich im Zusammenhang mit Steganlagengenehmigungen auf öffentlichen Wasserflächen an, Konflikte zwischen Vereinen und Behörden mittels einer Mediation zu bearbeiten.[133] Häufiger Fall sind Steganlagen, für die Genehmigungen aus der Zeit der ehemaligen DDR vorliegen.[134] Bei Lösungsoptionen lassen sich hier zum Beispiel Aspekte des Naturschutzes berücksichtigen.[135]

c) *Steuern und Abgaben*

Ein weiteres mögliches Anwendungsfeld für Mediationen im Verhältnis von Behörden und Bürgerinnen und Bürgern liegt im Bereich steuer- und abgabenrechtlicher Streitfragen. Gesetzliche Regelungen hierfür bestehen für die gerichtsinterne Mediation sowohl an Verwaltungs- als auch

---

129 Mit diesem Beispiel aus dem Baurecht *Seibert*, NVwZ 2008, 365.

130 *Ortloff*, NVwZ 2006, 148, 150.

131 Zur Gesetzgebung bei einer Sondernutzung im Land Berlin § 11 BerlStrG.

132 *Fritz/Krabbe*, NVwZ 2011, 396, 398.

133 VG Berlin, Urteil der 10. Kammer vom 23.11.2021 - VG 10 K 273/20.

134 *Zepf*, DÖV 2012, 631, 639.

135 *Hadlich/Rennhack*, LKV 1999, 9, der auf das Verhältnis von Baurecht und Naturschutz hinweist.

Finanzgerichten. Die Ähnlichkeit von Verwaltungsgerichts- und Finanzgerichtsverfahren[136] drückt sich unter anderem darin aus, dass die Finanzgerichtsordnung (FGO) vergleichbar § 173 S. 1 VwGO den für die Mediation bedeutsamen Verweis in § 155 S. 1 Halbsatz 1 FGO enthält. Demzufolge sind die ZPO einschließlich § 278 Abs. 5 ZPO und § 278a ZPO sinngemäß anzuwenden.

Mediation im Bereich von steuer- und abgabenrechtlichen Konflikten muss aber nicht auf die gerichtsinterne Mediation beschränkt bleiben. Jüngst stellte sich bei einem Pilotprojekt des Thüringer Bürgerbeauftragten im Hinblick auf Wasser- und Abwassergebühren, Straßenausbaubeiträge, Herstellungsbeiträge für Abwasseranlagen und Grundsteuern heraus, dass ungefähr ein Drittel der Konflikte zwischen Behörden und Bürgerinnen und Bürgern im vorgerichtlichen Stadium mediationsgeeignet war.[137] Auch Streitigkeiten über Erschließungsbeiträge bieten sich in der Praxis für eine Mediation an.[138] Außerhalb Deutschlands wird bereits in mehreren Staaten, wie zum Beispiel den Vereinigten Staaten von Amerika und Australien, Mediation zwischen Finanzverwaltungen und Steuerpflichtigen praktiziert.[139] Das hat insoweit eine Vorbildwirkung für die Verwaltung in Deutschland, als auch hier die Mediation bereits deutlich früher vor dem Gerichtsverfahren am Anfang des Besteuerungsverfahrens ansetzen kann.[140] Im Bereich des deutschen Steuerrechts ist § 85 Abgabenordnung (AO) zu beachten. Gemäß § 85 S. 1 AO haben die Finanzbehörden die Steuern nach Maßgabe der Gesetze gleichmäßig festzusetzen und zu erheben. Insbesondere haben sie gemäß § 85 S. 2 AO sicherzustellen, dass Steuern nicht verkürzt, zu Unrecht erhoben oder Steuererstattungen und Steuervergütungen nicht zu Unrecht gewährt oder versagt werden. Unter Beachtung dieser Vorschrift kann sich die Steuerbehörde gleichwohl mit Steuerpflichtigen über die Tatsachen verständigen, auf denen die Steuerfestsetzung beruht.[141] Vor diesem Hintergrund wird im Schrifttum darauf hingewiesen, dass mediationsbezogene Aufgaben insbesondere Steuerbe-

---

136 Zur Vergleichbarkeit *Boochs*, DStR 2006, 1062.

137 *Herzberg/Knauff/Debus/Schulz*, ThürVBl. 2020, 181 f.

138 *Knorr*, NVwZ 2006, 914 f.

139 Zur Situation in den Niederlanden, den USA und Australien *Hölzer/Schnüttgen/Bornheim*, DStR 2010, 2538, 2544.

140 *Hölzer/Schnüttgen/Bornheim*, DStR 2010, 2538, 2541; zu frühzeitigen Arrangements im Steuerrecht schon *Eberle*, Die Verwaltung 1984, 439 f.

141 *Boochs*, DStR 2006, 1062.

raterinnen, Rechtsanwälten für Steuerrecht, Finanzbeamten und Finanzrichterinnen zukommen können.[142]

d) *Soziale Teilhabe*

Ein weiteres Anwendungsbeispiel für Mediation im Außenverhältnis der öffentlichen Verwaltung betrifft das Sozialrecht.[143] Auch hier bestehen gesetzliche Regelungen für die gerichtsinterne Mediation. Ähnlich wie in der VwGO und der FGO besteht auch im Sozialgerichtsgesetz (SGG) mit § 202 S. 1 SGG eine Vorschrift, die auf § 278 Abs. 5 ZPO und § 278a ZPO verweist und damit der öffentlichen Verwaltung den Zugang zur Mediation öffnet. Obwohl das Weiterleiten der für eine Mediation geeigneten Fälle im gerichtlichen Kontext sowohl von der richterlichen Offenheit als auch der Bereitschaft der Konfliktparteien abhängt,[144] wird trotz begrenzter Datenlage angenommen, dass die Mediation in sozialrechtlichen Konflikten zunehmende Aufmerksamkeit erfahren hat und das auch für das Sozialverwaltungsverfahren gilt.[145] Dazu beigetragen hat ein Modellprojekt zur Mediation in der bayerischen Sozialgerichtsbarkeit, für das ein Abschlussbericht des Max-Planck-Instituts[146] interessante Erkenntnisse beisteuert, die wiederum Schlüsse auf die Ausgestaltung der dem Sozialgerichtsverfahren vorgelagerten Mediation im sozialrechtlichen Verwaltungsverfahren zulassen.

Obwohl über sozialrechtliche Ansprüche häufig nicht zu verhandeln ist, eignet sich die Mediation als Konfliktbearbeitungsinstrument auch im Sozialrecht, da ihrer Geltendmachung Bedürfnisse zugrunde liegen, die sich mithilfe von Mediatorinnen und Mediatoren als Interessen formulieren lassen.[147] Die Mediation führt hier zu höherer Zufriedenheit der Konfliktparteien.[148] Denn der positive Effekt kommt dadurch zustan-

---

[142] *Hölzer/Schnüttgen/Bornheim*, DStR 2010, 2538, 2542 ff.

[143] *Ziegler* in: *Plagemann/Bieresborn/Schafhausen*, Münchener Anwaltshandbuch Sozialrecht, 2024, § 44, Rn. 63 ff.

[144] So die Beobachtung bei Modellversuchen in der Sozialgerichtsbarkeit, *Becker/Friedrich*, MPISoc Working Paper 3/2009, S. 23.

[145] *Ziegler* in: *Plagemann/Bieresborn/Schafhausen*, Münchener Anwaltshandbuch Sozialrecht, 2024, § 44, Rn. 62; im Gegensatz zu *Soffner*, Mediation im Sozialrecht, 2017, S. 22 ff., der den Ausnahmecharakter der Mediation im Sozialverwaltungsverfahren betont.

[146] *Becker/Friedrich*, MPISoc Working Paper 3/2009.

[147] *Fritz/Pielsticker*, Handbuch Mediationsrecht, 2024, Abschnitt 5, I, Rn. 9.

[148] *Becker/Friedrich*, MPISoc Working Paper 3/2009, S. 52 ff., 100.

de, dass mithilfe der Mediation der Anonymität der Sozialrechtssysteme entgegengewirkt und wieder stärker ein persönlicher Kontakt aufgebaut werden kann.[149] Als grundsätzlich mediationsgeeignet sind beispielsweise Konfliktsituationen anzusehen, in denen es um die Teilhabe von Menschen mit Behinderung,[150] Rehabilitationsmaßnahmen und den Umgang mit einer Erwerbsminderung geht.[151] Besonders geeignet sind, so gesehen, solche Konflikte, in denen die Konfliktparteien sich in einer anhaltenden Beziehung zueinander befinden beziehungsweise in denen es zu einer Zusammenarbeit in der Zukunft kommen wird.[152] So haben Untersuchungen ergeben, dass Mediationsverfahren zu Kranken-, Unfall und Rentenversicherungsfragen Aussicht auf Erfolg haben, bei denen Sozialleistungen und Erstattungen zu klären sind.[153] Entlastungen werden sichtbar, wenn um geringe Summen gestritten wird und die durch ein Sozialgerichtsverfahren in Anspruch genommenen Ressourcen in keinem vertretbaren Verhältnis mehr zum Verfahrensziel stehen.[154] Ein weiterer vorteilhafter Aspekt ist der Effizienzgewinn durch verhältnismäßig schnelle Lösungen und die Vermeidung von Kosten durch Beweisaufnahmen.[155] Die Zeit- und Kostenersparnis ist umso höher, wenn im Rahmen des Mediationsverfahrens gleich auch Streitgegenstände jenseits des ursprünglichen Verfahrens erledigt werden.[156]

e) *Gefahrenabwehr*

Teils wird im Schrifttum auf fehlende Handlungsspielräume bei Sachverhalten mit Bezügen zur öffentlichen Sicherheit hingewiesen, wie zum Beispiel bei einem unausweichlichen Entzug der Fahrerlaubnis, weil öffentliche Interessen zu wahren sind.[157] Allerdings bestehen trotz dieser Fälle auch im Bereich der Gefahrenabwehr Anwendungsbeispiele für media-

---

149 *Kilger* in: *Haft/Gräfin von Schlieffen*, Handbuch Mediation, 2002, § 45, Rn. 1 ff.

150 *Kilger*, ZKM 2001, 156 f. im Hinblick auf das Zurverfügungstellen von Hilfsmitteln; *Ortloff*, NVwZ 2006, 1143 f. an der Schnittstelle zum schulischen Bereich mit einem Fall, bei dem es im Rahmen der sonderpädagogischen Förderung um die Schulwahl eines Schülers mit Behinderung geht.

151 *Plagemann*, NZS 2006, 169, 172.

152 *Becker/Friedrich*, MPISoc Working Paper 3/2009, S. 33 f., 100 f.; *Trenczek*, DS 2009, 66, 70.

153 *Becker/Friedrich*, MPISoc Working Paper 3/2009, S. 68 ff., 100.

154 *Fritz/Pielsticker*, Handbuch Mediationsrecht, 2024, Abschnitt 5, I, Rn. 11.

155 *Becker/Friedrich*, MPISoc Working Paper 3/2009, S. 77 ff., 100.

156 *Becker/Friedrich*, MPISoc Working Paper 3/2009, S. 79, 81 f.

157 *Dietz*, ZRP 2004, 268 f.

tive Ansätze. So zeigt beispielsweise die Gefährderansprache im Bereich des Gefahrenabwehrrechts, wie die Verwaltung kooperativ und konsensual vorgehen kann, wenn sie im Vorfeld ohne Regelung mittels Verwaltungsakts an Bürgerinnen und Bürger herantritt.[158] Ein Bereich, in dem schon lange ein kooperativer Ansatz gepflegt wird, ist das Versammlungsrecht,[159] wenn es zum Beispiel um die Strecke einer Demonstration geht.[160] In einem Beschluss zur Versammlungsfreiheit in Art. 8 GG formuliert das BVerfG für einen Konfliktfall zwischen der Versammlungsbehörde und dem Veranstalter wie folgt:

> *Je mehr die Veranstalter anlässlich der Anmeldung einer Großdemonstration zu einseitigen vertrauensbildenden Maßnahmen oder sogar zu einer demonstrationsfreundlichen Kooperation bereit sind, desto höher rückt die Schwelle für behördliches Eingreifen wegen Gefährdung der öffentlichen Sicherheit und Ordnung.*[161]

II. Anwendung von Mediation und mediativen Elementen im Innenverhältnis

1. Konflikte innerhalb einer Behörde

Im Innenverhältnis von Behörden treten in erster Linie Konflikte auf, die beamten- und personalvertretungsrechtlicher Natur sind.[162] Konkret können Konflikte sowohl innerhalb einer Organisationseinheit bestehen als auch zwischen mehreren Organisationseinheiten sowie mit dem Personalrat.[163] Auf gleicher Hierarchieebene handelt es sich üblicherweise um unterschiedliche Auffassungen zu fachlichen Fragen,[164] dem Vorgehen zur Zielerreichung und dem Ressourceneinsatz,[165] hierarchieübergreifend be-

---

[158] Zur verwaltungspolitischen Einordnung und Bewertung *Hebeler*, NVwZ 2011, 1364, 1366; aufgegriffen von *Fritz/Pielsticker*, Handbuch Mediationsrecht, 2024, Abschnitt 5, I, Rn. 7.

[159] Mit Bezügen zur Mediation *Seibert*, NVwZ 2008, 365, 367.

[160] *Holznagel/Ramsauer* in: *Haft/Gräfin von Schlieffen*, Handbuch Mediation, 2002, § 44, Rn. 1.

[161] BVerfG, Beschluss vom 14. Mai 1985 - 1 BvR 233/81 - Rn. 84.

[162] *Voss* in: *Johlen/Oerder*, Münchener Anwaltshandbuch, Verwaltungsrecht, 2023, § 3 Mediation im öffentlichen Bereich, Rn. 132.

[163] *Schütte*, DÖV 2022, 364.

[164] Z. B. wenn sich eine Behörde selbst über die Umweltplanung uneinig ist, *Zilleßen* in *Zilleßen*, Mediation - Kooperatives Konfliktmanagement in der Umweltpolitik, 1998, S. 8, 22.

[165] *Wagner*, NVwZ 2014, 1344 f.

treffen Konfliktsituationen wiederum häufig unterschiedliche Vorstellungen hinsichtlich des Verteilens beziehungsweise Wahrnehmens von Aufgaben.[166] Weitreichende Organisationsveränderungen von Behörden bergen ebenfalls Konfliktpotential.[167] Mediation kann hier eine Form der Konfliktbearbeitung sein, das auf Hierarchie gestützte Anordnungsrecht zu erweitern.[168] Für Beamtinnen und Beamte können sich sogar dienstrechtliche Nachteile ergeben, wenn sie sich einer Mediation verschließen.[169] Hilfreich ist es, wenn für die Durchführung ein Pool von Mediatorinnen und Mediatoren bei Bedarf zur Verfügung steht.[170]

Innerbehördlich steht neben der Mediation eine Vielzahl weiterer Möglichkeiten im Umgang mit Konflikten bereit. Neben Maßnahmen im organisatorischen Bereich und verbesserten Arbeitsbedingungen kommen Vermittlungen und Schlichtungen sowie das Hinzuziehen eigener oder externer Beratungsstellen in Betracht.[171] Eine gut untersuchte Möglichkeit zur Verbesserung der Arbeitssituation und Beschäftigtenzufriedenheit in einer Behörde bietet ein unabhängiges Monitoring mit Fokus auf menschenrechtliche Standards.[172]

2. Konflikte unter Behörden

Konflikte können darüber hinaus zwischen unterschiedlichen Behörden im Falle einer engen Zusammenarbeit auftreten,[173] beispielsweise bei der Ausarbeitung und Umsetzung von Verwaltungsvereinbarungen. Auch bei der Erteilung von Genehmigungen kann es unter verschiedenen Behörden zu Konfliktsituationen kommen, wenn Zuständigkeiten und Aufgaben unklar sind oder Sachverhalte unterschiedlich eingeschätzt werden.[174] Im Zuge von Großveranstaltungen, wie zum Beispiel Stadtfesten, können Konflikte innerhalb der für die Genehmigung zuständigen Verwaltung auftreten, beziehungsweise wenn der Veranstalter und die für die Genehmigung

166 *Wagner/Thalau*, Konfliktdynamik 2014, 252 f.

167 *Tilp*, VM 2009, 90, 95.

168 *Wagner/Thalau*, Konfliktdynamik 2014, 252, 255, 259.

169 *Schütte*, Konfliktdynamik 2021, 219, 221 ff.

170 *von Werthern/Rüpke*, Konfliktdynamik 2013, 144, 146 f.

171 *Böhle* in: *Böhle*, Kommunales Personal- und Organisationsmanagement, 2022, § 11, Rn. 209.

172 Mit einem Beispiel aus dem Salzburger Sozialamt *Krammer*, NLMR 2016, 397, 400.

173 *Tilp*, VM 2009, 90 f.; *Schütte*, DÖV 2022, 264.

174 Z. B. im Zuge von Veranstaltungen auf Freiflächen, *Frankewitsch*, NVwZ 2012, 1514 f.

zuständige Behörde zusammenfallen.[175] Ein externer Verhandlungsleiter mit mediativem und kommunikativem Know-how kann hier insbesondere bei Großveranstaltungen einen Gewinn an Sicherheit bedeuten.[176] Auch für umweltrechtliche Zusammenhänge wird im Schrifttum darauf hingewiesen, dass Mediation zwischen Behörden bei Auseinandersetzungen aufgrund von Zuständigkeitsfragen als Konfliktbearbeitungsinstrument zum Einsatz kommen kann.[177]

III. Zwischenfazit

In der öffentlichen Verwaltung lässt sich zwischen Konflikten im Außen- und Innenverhältnis unterscheiden. Im Außenverhältnis bestehen inzwischen etablierte Anwendungsfelder für Mediation. Gleichzeitig ist in vielen Bereichen eher noch von ersten Versuchen die Rede. Die Fachliteratur legt einen großen Fokus auf multidimensionale Konfliktlagen und hier den Bereich der Bauplanung und Planfeststellung, in dem die meiste praktische Erfahrung vorhanden ist. Diese Bereiche haben insoweit für andere noch junge beziehungsweise nicht durch Mediation erschlossene Anwendungsfelder eine Vorbildwirkung. Mediationspotentiale liegen beispielsweise im Umgang mit Genehmigungs- und Erlaubnissachverhalten wie im Bereich des Gewerbe-, Gaststätten- und Bau- sowie Straßennutzungsrechts. Gleiches gilt für den Umgang mit Konflikten aufgrund von steuer- und abgabenrechtlichen Fragen sowie der sozialen Absicherung, in denen Mediation zur Anwendung kommen kann. Ist der Raum für Mediation aufgrund der unausweichlichen Gefahrenabwehr teilweise eingeschränkt, kommen zwar weniger ein mehrphasiges Mediationsverfahren, wohl aber mediative Elemente zum Einsatz. Das gilt etwa im Falle von Gefährderansprachen und im Versammlungsrecht.

Auch im Innenverhältnis gehört die Mediation inzwischen zum Konfliktbearbeitungsmanagement der öffentlichen Verwaltung. Wenn Behörden interne Konfliktbearbeitungssysteme einrichten, ist Mediation in der Regel ein fester Bestandteil. Weniger stark ausgeprägt ist die Anwendung von Mediationen hingegen bei Konflikten zwischen Behörden. Einzelne

---

175 *Frankewitsch*, NVwZ 2012, 1514 f.

176 *Frankewitsch*, NVwZ 2012, 1514 ff.; zu den Vorteilen externer Verhandlungsleitung auch *Ortloff*, NVwZ 2012, 17 f.

177 *Zilleßen* in *Zilleßen*, Mediation – Kooperatives Konfliktmanagement in der Umweltpolitik, 1998, S. 8, 22.

Anwendungsfälle im Rahmen der interbehördlichen Zusammenarbeit zeigen, dass Konflikte auch zwischen Behörden gut und nachhaltig im Rahmen einer Mediation bearbeitet werden können. Hier sieht die Fachliteratur zurecht noch ehebliche Potentiale für nachhaltige Konfliktlösungen. Die positive Strahlkraft eines nachhaltigen Konfliktmanagements im Innenverhältnis auf das Verhältnis nach außen – und damit zu den Bürgerinnen und Bürgern – ist nicht zu unterschätzen. Mit der nachhaltigen Lösung interner Konflikte werden Kräfte und Ressourcen freigesetzt, so dass sich die Behördenbeschäftigten wieder mehr den Bürgerinnen und Bürgern und deren Anliegen zuwenden können.

Mit der sich aus diesen Erkenntnissen stellenden Frage, wie das vorhandene Potential des Konfliktbearbeitungsinstruments der Mediation nicht nur in multidimensionalen Konfliktlagen und behördenintern, sondern auch in Konfliktsituationen mit wenigen Parteien ausgeschöpft werden kann, wird sich das nun folgende Kapitel befassen.

D. Sieben Empfehlungen zur Stärkung der Mediation zwischen Behörden und Bürgerinnen und Bürgern

Das nun folgende Kapitel zeigt, unter welchen Voraussetzungen sich nachhaltiges Konfliktmanagement zwischen Behörden und Bürgerinnen und Bürgern mittels Mediation erfolgreich implementieren lässt, welche Gesetzesinitiativen förderlich wären und welche weiteren Empfehlungen auszusprechen sind. Dabei stehen weniger die multidimensionalen Konfliktlagen, sondern vielmehr Konfliktsituationen mit wenigen Konfliktparteien im Zentrum der Untersuchung.

I. Bewusstsein für den verfassungsrechtlichen Rahmen

Anders als bei Mediationen im zivilrechtlichen Bereich, in denen die Konfliktparteien aufgrund der Privatautonomie im Hinblick auf Lösungsoptionen relativ frei sind, haben Behörden besondere verfassungsrechtliche Grundsätze einzuhalten.[178] Auch wenn eingewandt wird, zwingendes Recht müsse nicht nur bei Mediationen im öffentlichen Recht, sondern ebenso im Zivilrecht eingehalten werden, wie zum Beispiel im Falle von Formvorschriften für den Eigentumserwerb,[179] bedarf es doch eines besonderen Bewusstseins für die verfassungsrechtlichen Grundsätze bei Mediationen, an denen Behörden beteiligt sind.

Denn beispielsweise sind Behörden, wenn sie die öffentliche Sicherheit zu gewährleisten haben, an Artikel 20 Abs. 3 GG gebunden.[180] Dies verpflichtet sie, Entscheidungen nach den Verfahrensvorschriften und dem materiellen Recht vorzunehmen.[181] Verstöße gegen die Gesetzesbindung gemäß Art. 20 Abs. 3 GG können für Amtsträgerinnen und -träger sogar straf- und beamtenrechtliche Folgen haben.[182] Diese im öffentlichen Recht vorzufindende Situation hängt damit zusammen, dass es häufig um ge-

[178] *Tilp*, VM 2009, 90, 93 ff.

[179] *Fritz*, in: *Kracht/Niedostadek/Sensburg*, Praxishandbuch Professionelle Mediation, 2023, S. 733, 736.

[180] Mit einem Fokus auf die öffentliche Sicherheit *Dietz*, ZRP 2004, 268 ff.; zuvor schon *Pitschas*, ZRP 2004, 396, 399 sowie grundsätzlich zur Abgrenzung vom Zivilrecht und den Herausforderungen bei der Umsetzung von Mediationsergebnissen im Verwaltungsrecht *Holznagel/Ramsauer* in: *Haft/Gräfin von Schlieffen*, Handbuch Mediation, 2002, § 44, Rn. 2.

[181] Insb. im Hinblick auf die Ergebnisumsetzung und damit verbunden möglicherweise weniger Freiheit in der Mediation *Härtel*, JZ 2005, 753, 757.

[182] *Knospe*, ZRP 2010, 43, 45.

meinwohlbezogene Fragen geht.[183] Aufgrund von öffentlichen Interessen kann Verhandlungsspielraum für Entscheidungsträgerinnen und -träger im verwaltungsrechtlichen Bereich daher fehlen.[184] Unter Beachtung dieses Gesetzesvorrangs ist gleichwohl schon lange davon auszugehen, dass Mediation insbesondere in solchen Fällen verfassungsrechtlich vereinbar und anwendbar ist, in denen Behörden von ihrem Ermessen Gebrauch machen, Interessen abwägen und Raum zur Erörterung geben können.[185]

Was den Vorbehalt des Gesetzes betrifft, so ist bereits im Kapitel zur Frage rechtlicher Grundlagen im VwVfG[186] dargelegt worden, dass die Mediation im öffentlichen Recht zu ihrer Anwendung keiner Rechtsgrundlage bedarf.[187] Das gilt sowohl hinsichtlich des allgemeinen als auch der grundrechtlichen Gesetzesvorbehalte.[188] Allerdings hat dies Auswirkungen auf die Umsetzung der in einer Mediation erzielten Ergebnisse und zeigt sich in der Regel dadurch, dass die Behörde das Mediationsergebnis erst noch in verwaltungsrechtliches Handeln überführen muss.[189] Dieser Schritt ist regelmäßig leistbar und zumutbar, muss jedoch allen an einer Mediation Beteiligten frühzeitig klar sein, um etwaige Erwartungen nicht zu enttäuschen.

II. Klares Rollenverständnis und Vorteile durch ein Mindestmaß an Fachkenntnissen

Zur Rolle der Mediatorin und des Mediators bestehen unterschiedliche Sichtweisen.[190] Einerseits wird es für zulässig erachtet, dass die Mediation

---

183 *Brohm*, NVwZ 1991, 1025, 1029.

184 *Fritz/Krabbe*, NVwZ 2011, 396, 398; *Ruthig*, in: *Kopp/Schenke*, Verwaltungsgerichtsordnung: Kommentar, § 1, Rn. 37.

185 *Troja*, Umweltkonfliktmanagement und Demokratie, 2001, S. 205 f.

186 Kapitel B. IV.

187 Zur grundsätzlichen Zulässigkeit der Mediation und mit einer aktuellen Zusammenfassung des Diskussionsstands auch *Fritz*, in: *Kracht/Niedostadek/Sensburg*, Praxishandbuch Professionelle Mediation, 2023, S. 733 ff.

188 *Holznagel/Ramsauer* in: *Haft/Gräfin von Schlieffen*, Handbuch Mediation, 2002, § 44, Rn. 4.

189 Von einer sog. Wechselbeziehung zwischen der Mediation und dem einzuhaltenden Verwaltungsverfahren spricht *Holznagel/Ramsauer* in: *Haft/Gräfin von Schlieffen*, Handbuch Mediation, 2002, § 44, Rn. 2, 4, 22 f.; *Tilp*, VM 2009, 90, 94 f.

190 Zum Stand der Diskussion *Vetter*, Mediation und Vorverfahren, 2004, S. 215 ff.

behördlicherseits erfolgt,[191] andererseits wird vertreten, dass Behördenbeschäftigte grundsätzlich nicht selbst als Mediatorinnen oder Mediatoren auftreten sollten.[192] Dass Behördenbeschäftigte mediative Elemente in ihrer Aufgabenerledigung aufgreifen, erscheint praxisnah und unproblematisch.[193] Mediative Elemente wären ohne großen Aufwand in behördliche Verfahrensabläufe implementierbar.[194] Im Hinblick auf über die Anwendung bloßer mediativer Elemente hinausgehende Mediationsverfahren ist das Hinzuziehen geschäftsbereichsinterner Mediatorinnen und Mediatoren jedoch unter Umständen heikel.[195] Sie sollten, vor allem aus Neutralitätsgesichtspunkten und um das Vertrauen der Beteiligten zu sichern, stets von externen Mediatorinnen und Mediatoren durchgeführt werden.[196] Kommunikationsexpertinnen und -experten von außen hinzuziehen, kann sich dabei, wie die mediative Verhandlungsleitung zeigt,[197] für Behörden durchaus als vorteilhaft erweisen, weil sie für einen guten Kommunikationsfluss sorgen können.[198] Denn sie sind besonders darin geübt, aktiv zuzuhören und Vorwürfe so in Bedürfnisse umzuformulieren, dass die Parteien ihren Konflikt interessenorientiert weiter bearbei-

---

191 *Brohm*, NVwZ 1991, 1025, 1033; beträchtliche Erfolge in mehr als der Hälfte der Streitfälle im Immissionsschutzrecht und Gefahrstoffrecht durch Erlasse an die untere Verwaltungsbehörde oder Widerspruchsrücknahmen belegt von *Maaß*, VerwArch. 1997, 701, 711 ff.

192 Mit der Forderung nach Ausschlussvorschriften und gleichzeitigen Ausnahmen bei einem Einverständnis der Konfliktparteien für erfahrene und qualifizierte Mitarbeitende übergeordneter Behörden *Vetter*, Mediation und Vorverfahren, 2004, S. 221, 244; *Ramsauer/Tegethoff*, in: *Kopp/Ramsauer*, Verwaltungsverfahrensgesetz: Kommentar, 2024, Einführung I, Rn. 110.

193 Insb. praktische Erfahrungen der Stadtverwaltung Heidelberg legen dies nahe, *Weigle*, ZKM 2009, 143, 146.

194 *Brohm*, NVwZ 1991, 1025, 1033; am Beispiel einer für Widersprüche zuständigen Behörde *Maaß*, VerwArch. 1997, 701, 711 ff.

195 Am Beispiel der Ansiedlung von Polizei- und Bürgerbeauftragten *Debus*, DÖV 2017, 810, 813 f.

196 *Rüssel*, JA 2006, 470, 473, die sich gegen ein Tätigwerden von Mediatorinnen und Mediatoren im Wege der Beleihung oder als Verwaltungshelfer ausspricht, gleichzeitig Werk- und Dienstverträge zwischen einem Mediator oder einer Mediatorin und einem Mediationsforum für unkritisch hält.

197 Mit einem Praxisfall *Schmidt*, in: *Kracht/Niedostadek/Sensburg*, Praxishandbuch Professionelle Mediation, 2023, S. 739, 744 ff., 755; *Ortloff*, NVwZ 2012, 17 f., der hier ein Betätigungsfeld für Mediatorinnen und Mediatoren mit Kompetenzen auf dem Gebiet des Verwaltungsrechts sieht.

198 Im Hinblick auf Erörterungstermine im Sinne von § 73 Abs. 6 S. 1 VwVfG und mit Bezügen zum Projektmanager im Sinne von § 29 NABEG *Frankewitsch*, NVwZ 2012, 1514, 1516; zu von Mediatorinnen und Mediatoren nicht nur im zivilrechtlichen, sondern auch im öffentlichen Bereich häufig angewandten Kommunikationsmethoden und -techniken *Gläßer*, in: *Klowait/Gläßer*, Mediationsgesetz: Handkommentar, 2025, Teil 2, Art. 1, § 2 MediationsG, Rn. 120 ff.

ten können.[199] Auch wenn mit der Inanspruchnahme einer externen Mediatorin oder eines externen Mediators eine private Dienstleistung in Anspruch genommen wird,[200] besteht grundsätzlich nicht die Gefahr, dass sich behördliche Verfahrensabläufe dadurch verselbständigen könnten. Denn durch die Beauftragung einer externen Mediatorin oder eines externen Mediators wird der Konflikt zwischen den Parteien nicht zu einem privaten Konflikt.[201]

Bei einem hinreichenden Ausbildungsstand[202] sollten außergerichtliche Mediationen von Mediatorinnen und Mediatoren ohne eine juristische Ausbildung durchgeführt werden können, wobei solide Kenntnisse des formellen und materiellen Verwaltungsrechts von Vorteil sein dürften.[203] Auch wenn teilweise lediglich gute Kenntnisse der Verfahrensgrundsätze des öffentlichen Rechts für hilfreich erachtet werden,[204] ist es durchaus empfehlenswert, dass sich Mediatorinnen und Mediatoren jenseits ihrer kommunikativen Fähigkeiten auf dem betroffenen Rechtsgebiet auskennen, was beispielsweise bei spezialisierten Hochschullehrerinnen und Rechtsanwälten der Fall ist.[205] Ungeachtet dessen bleibt eine gute Vorbereitung unverzichtbarer Bestandteil der Arbeit von Mediatorinnen und Mediatoren.[206] Dies beinhaltet häufig die Zusammenarbeit im Team.[207]

---

[199] Zu diesen und weiteren Techniken von Mediatorinnen und Mediatoren *Lübbe/Karstens*, NZS 2012, 656, 660.

[200] *Schmitz* in: *Stelkens/Bonk/Sachs*, Verwaltungsverfahrensgesetz: Kommentar, 2023, § 9 Rn. 190b; *Ruthig*, in: *Kopp/Schenke*, Verwaltungsgerichtsordnung: Kommentar, § 1, Rn. 34, für den das Tätigwerden einer Mediatorin oder eines Mediators privatrechtlichen Charakter hat.

[201] *Ziegler* in: *Plagemann/Bieresborn/Schafhausen*, Münchener Anwaltshandbuch Sozialrecht, 2024, § 44, Rn. 79.

[202] Wegen der erforderlichen Mediationsfähigkeiten für eine besondere Ausbildung und Auswahl *Brohm*, NVwZ 1991, 1025, 1033.

[203] Auch wenn Mediatorinnen und Mediatoren weder Entscheidungen zu treffen noch rechtliche Bewertungen vorzunehmen haben, müssen sie die Konfliktparteien verstehen und sachgemäß durch das Verfahren führen, so *Ortloff*, NVwZ 2007, 33 f.

[204] Zur sog. Feldkompetenz *Fritz*, in: *Kracht/Niedostadek/Sensburg*, Praxishandbuch Professionelle Mediation, 2023, S. 733, 735.

[205] *Tilp*, VM 2009, 90, 93.

[206] *Fritz/Krabbe*, NVwZ 2011, 396, 398 ff.

[207] *Schmidt*, in: *Kracht/Niedostadek/Sensburg*, Praxishandbuch Professionelle Mediation, 2023, S. 739, 755.

III. Gesetzlicher Anpassungsbedarf

1. Aufnahme von Mediationsvorschriften in das Verwaltungsverfahrensrecht

Markus Troja hat schon vor über 20 Jahren sehr präzise den »gesetzlichen Spielraum für kooperative Verfahren (enabling legislation)« als wesentlichen »Erfolgsfaktor für die Einführung kooperativen Konfliktmanagements« beschrieben.[208] Dazu zählt zunächst der verfassungsrechtliche Rahmen. An ihm hat sich im Hinblick auf die Mediation nichts geändert. Das ist insoweit unproblematisch, weil Behörden den sich insbesondere aus dem Gesetzesvorrang und dem Gesetzesvorbehalt ergebenden Rahmen in einer Mediation regelmäßig einhalten können.[209]

Dass sich im Hinblick auf einfachgesetzliche Regelungen im Verwaltungsverfahrensrecht nur begrenzt etwas verändert hat, kann nicht zufrieden stimmen, da Mediationsvorschriften im Verwaltungsverfahrensrecht Behörden ermutigen würden, sich häufiger für eine Mediation zu entscheiden.[210] Denn gesetzliche Vorschriften prägen ihr Selbstverständnis mit.[211] Auch wenn die Mediation im öffentlichen Recht ohne eine ausdrückliche gesetzliche Vorschrift zulässig ist,[212] haben sich die in der vorliegenden Untersuchung vorgestellten gesetzlichen Türöffner, wie beispielsweise § 173 S. 1 VwGO,[213] § 155 S. 1 Halbsatz 1 FGO,[214] § 202 S. 1 SGG[215] sowie § 4b S. 2 Alt. 1 BauGB[216] und landesrechtlich § 4 UVwG BW,[217] für die Anwendung der Mediation durchaus als förderlich erwiesen.

---

[208] *Troja*, Umweltkonfliktmanagement und Demokratie, 2001, S. 359 ff.

[209] *Troja*, Umweltkonfliktmanagement und Demokratie, 2001, S. 205 ff.

[210] *Pünder* in: *Ehlers/Pünder*, Allgemeines Verwaltungsrecht, 2022, § 16, Rn. 4, 20; sehr weitgehend *Härtel*, VerwArch. 2007, 54, 73, 77, die eine Soll-Vorschrift in VwVfG und VwGO anregt, um Behörden zu bewegen, einer von Widerspruchsführerinnen und Widerspruchsführern beantragten Mediation zuzustimmen.

[211] *Voß* in: *Johlen/Oerder*, Münchener Anwaltshandbuch Verwaltungsrecht, 2023, § 3, Rn. 64.

[212] *Pünder* in: *Ehlers/Pünder*, Allgemeines Verwaltungsrecht, 2022, § 16, Rn. 4, 20, der Vorschriften in Verwaltungsverfahrensgesetzen eine deklaratorische Wirkung zuschreibt; von bloßen Hinweisen zur Förderung der Mediation spricht *Burgi/Durner*, Modernisierung des Verwaltungsverfahrensrechts durch Stärkung des VwVfG, 2012, S. 175.

[213] Kapitel B. V.

[214] Kapitel C. I. 2. c).

[215] Kapitel C. I. 2. d).

[216] Kapitel C. I. 1. a).

[217] Kapitel C. I. 1. c).

Angesichts der in der vorliegenden Untersuchung herausgearbeiteten Vorzüge, die Mediation für die Konfliktbearbeitung zwischen Behörden und Bürgerinnen und Bürgern bietet, erscheint es geradezu leichtfertig, von Mediationsvorschriften im Verwaltungsverfahrensrecht abzusehen. Neue Mediationsvorschriften würden Konfliktbeteiligte und hier insbesondere Behörden bestärken, sich einer Mediation zu öffnen.[218] Den derzeitigen Zustand, wonach das VwVfG Mediation nicht einmal erwähnt,[219] hat der Gesetzgeber dringend zu beenden.

Fraglich ist, wo sich die geforderten Mediationsvorschriften gesetzessystematisch verorten ließen. Neben Regelungen im allgemeine Verwaltungsverfahrensrecht sind fachgebietsspezifische Lösungen denkbar.[220] Der Vorschlag, in passenden Gesetzen die Mediation bloß zu erwähnen,[221] würde zu kurz greifen. Weiterführend und daher vorzugswürdig ist eher die Ansicht, Mediationsvorschriften in das allgemeine Verwaltungsverfahrensrecht aufzunehmen,[222] das heißt: sowohl in das VwVfG als auch aufgrund von § 1 Abs. 3 VwVfG in die LVwVfG. Dieser Ansatz hat den Vorteil, in anderen fachbezogenen Verwaltungsgesetzen bei Bedarf Verweisungen auf die allgemeinen Vorschriften aufnehmen beziehungsweise fachbezogene Vorschriften im Hinblick auf das jeweilige Fachgebiet präzisieren zu können.[223] Einheitlich Regelbares wäre dadurch dem allgemeinen Verwaltungsverfahrensrecht zugewiesen, Fachspezifisches den jeweiligen fachbezogenen Verwaltungsgesetzen.[224]

Die Verwaltungsgesetzgebung in Ländern außerhalb Deutschlands zeigt, dass es sich im Sinne eines nachhaltigen Konfliktmanagements der öffentlichen Verwaltung lohnen kann, sowohl das VwVfG als auch die LVwVfG um Vorschriften zur Mediation zu ergänzen. Zum Beispiel sieht

---

[218] *Schulze-Fielitz*, in: *Hoffmann-Riem/Schmidt-Aßmann*, Konfliktbewältigung durch Verhandlungen, Bd. 2, 1990, S. 55, 65.

[219] Dazu *Guckelbeger*, NVwZ 2011, 390, 392.

[220] Zur Diskussion über den verwaltungsverfahrensrechtlichen Umgang mit Konfliktmittlern und mit der Präferenz für fachbezogene Vorschriften *Schulze- Fielitz*, in: *Hoffmann-Riem/Schmidt-Aßmann*, Konfliktbewältigung durch Verhandlungen, Bd. 2, 1990, S. 55, 64 ff.

[221] Dahingehend *Troja*, Umweltkonfliktmanagement und Demokratie, 2001, S. 405.

[222] *Pitschas*, in: *Seok/Ziekow*, Mediation als Methode und Instrument der Konfliktmittlung im öffentlichen Sektor, 2010, S. 199, 211 ff., der sich dafür ausspricht, mediationsverfahrensrechtliche Vorschriften in das allgemeine Verwaltungsverfahrensrecht aufzunehmen.

[223] *Guckelberger*, in: *Seok/Ziekow*, Mediation als Methode und Instrument der Konfliktmittlung im öffentlichen Sektor, 2010, S. 235, 269 f.

[224] *Kaltenborn*, Streitvermeidung und Streitbeilegung im Verwaltungsrecht, 2007, S. 187.

das schweizerische Bundesgesetz über das Verwaltungsverfahren (Verwaltungsverfahrensgesetz, VwVG) in Art. 33b VwVG eine Mediation vor.[225] Aufgrund der unterschiedlichen Ausgestaltung des Verwaltungsverfahrensrechts in der Schweiz und Deutschland lässt sich die genannte Vorschrift nicht eins zu eins in das deutsche Verwaltungsverfahrensrecht übernehmen. Dennoch sollte sich der deutsche Verwaltungsgesetzgeber zur Prüfung veranlasst sehen, Mediationsvorschriften in das deutsche Verwaltungsverfahrensrecht aufzunehmen. Denn der in der Schweiz erkannte Bedarf, Mediation im Recht festzuschreiben,[226] besteht, wie die vorliegende Untersuchung gezeigt hat, gleichermaßen im deutschen Verwaltungsverfahrensrecht.

Bei der Ausgestaltung im Einzelnen lohnt der Blick in Mediationsgesetze, wie sie die schweizerischen Kantone Freiburg und Wallis beschlossen haben. Dort bestehen kantonale Stellen, aus denen Mediatorinnen oder Mediatoren zwischen der Verwaltung und Bürgerinnen und Bürgern tätig werden können.[227] Neben der Konfliktprävention geht es darum, in Konfliktsituationen einvernehmliche Lösungen zu finden.[228] Die Mediationsgesetze der schweizerischen Kantone Freiburg und Wallis haben bestimmte Behörden und Anwendungsbereiche im Hinblick auf eine Mediation ausgeklammert,[229] was sich auch in Mediationsvorschriften im VwVfG oder den LVwVfG abbilden ließe, sofern dies für erforderlich gehalten werden sollte. Bei Konflikten mit den von einer Mediation nicht ausdrücklich ausgeschlossenen Behörden und in den nicht ausgeklammerten Anwendungsbereichen wäre eine Mediation dann grundsätzlich in Betracht zu ziehen.

In Anbetracht des Umstands, dass sich aufgrund der unterschiedlichen Ebenen von Europäischer Union (EU), Bund, Ländern und Kommunen mitunter komplexe Finanzierungsfragen stellen,[230] ist im Hinblick auf die Schaffung der Mediationsoption auf die Unentgeltlichkeit des Mediations-

---

225 Mit dieser Beobachtung *Guckelberger*, *Seok/Ziekow*, Mediation als Methode und Instrument der Konfliktmittlung im öffentlichen Sektor, 2010, S. 235, 269.

226 Dazu *Pfisterer*, AJP/PJA 2010, 1540, 1543.

227 Art. 1 Abs. 1 MedG des schweizerischen Kantons Freiburg; Art. 1 Abs. 1 und 2 MedG des schweizerischen Kantons Wallis.

228 Art. 1 Abs. 2 MedG des schweizerischen Kantons Freiburg; Art. 1 Abs. 2 MedG des schweizerischen Kantons Wallis.

229 Ähnlich Art. 2 Abs. 3 und Art. 3 Abs. 2 und 3 MedG des schweizerischen Kantons Freiburg und Art. 2 Abs. 2 bis 4 MedG des schweizerischen Kantons Wallis.

230 *von Hoerschelmann*, ZKM 2018, 94, 96 mit einem Beispiel aus dem Land Brandenburg.

verfahrens zu achten.[231] Die Finanzierungsfrage ist auch aus Neutralitätsgesichtspunkten nicht zu unterschätzen und muss unter Umständen im Rahmen der Mediation offen angesprochen werden.[232] Eine in Betracht zu ziehende Kostenhilfe[233] müsste gewährleisten, dass sie die vorgerichtliche Mediation umfasst, damit sie möglichst vor dem gerichtlichen Verfahren in Anspruch genommen werden kann.[234] Auch für diejenigen ohne beziehungsweise mit geringem finanziellen Spielraum muss das Mediationsverfahren zugänglich sein.[235] Der Sorge vor einer unangemessenen Inanspruchnahme kann dadurch begegnet werden, bei missbräuchlichem, wie zum Beispiel einem offensichtlich verzögerungstaktischen Verhalten, Gebühren zu verlangen.[236] Die Kritik am Mediationsverfahren im öffentlichen Bereich, wonach der Verwaltung hohe Kosten entstehen würden,[237] mag aufgrund der bereits genannten Komplexität der Finanzierung im Gefüge von EU, Bund, Ländern und Kommunen nicht unbegründet sein, greift aber im Ergebnis zu kurz.[238] Denn mit der Mediation sind für die Konfliktbeteiligten allenfalls ein vertretbarer Mehraufwand verbunden und die Aussicht, dass Kosten aufgrund von Auseinandersetzungen vor

---

231 Ähnliches sehen Art. 22 MedG des schweizerischen Kantons Freiburg und Art. 16 MedG des schweizerischen Kantons Wallis vor.

232 *Rüssel*, JA 2006, 470, 473 f., die darauf hinweist, dass die Übernahme von Kosten zur Annahme führen kann, dass Mediatorinnen oder Mediatoren für diejenigen tätig sind, die für die Kosten aufkommen oder von denen sie sich weitere Aufträge erhoffen.

233 Zum Stand der Diskussion über die Mediationskostenhilfe *Weber*, in: *Klowait/Gläßer*, Mediationsgesetz: Handkommentar, 2025, Teil 2, Art. 1, § 7 MediationsG, Rn. 1 ff.; für eine unabhängige Einrichtung zur Kostenübernahme im Bereich der Umweltmediation *Holznagel/Ramsauer*, VerwArch. 2013, 131, 149 ff., 159.

234 Mit der Kostenhilfe für vorgerichtliche Mediation befasst sich *Greger*, Abschlussbericht zur Evaluierung des Projekts Geförderte Familienmediation in Berlin im Auftrag der Senatsverwaltung für Justiz, Verbraucherschutz und Antidiskriminierung Berlin, 2020, S. 50 und darauf bezugnehmend *Greger*, ZKM 2020, 90 ff.

235 *Holznagel/Ramsauer*, VerwArch. 2013, 131, 150.

236 Ähnliches sehen Art. 23 Abs. 2 MedG des schweizerischen Kantons Freiburg und Art. 17 Abs. 2 MedG des schweizerischen Kantons Wallis vor.

237 *Dietz*, ZRP 2004, 268 ff., der vor einer unbedachten Einführung von Mediation im öffentlichen Recht warnt und sich eher für verwaltungsinterne Lösungen ausspricht wie z. B. die Einbindung von nicht für den Fall zuständigen Behördenbeschäftigten oder institutionalisierten Beschwerdemanagern.

238 *von Hoerschelmann*, ZKM 2018, 94, 96, der einen Mediationsbeauftragten des Landes Brandenburg trotz der Komplexität von Finanzierungsfragen insb. im Bereich der Daseinsvorsorge als gewinnbringend ansieht.

den Verwaltungsgerichten entfallen.[239] Dass in der Mediation erzielte Einigungen eine entlastende Wirkung auf den Staat haben, hat sich zudem in der Schweiz gezeigt.[240] Die Kritik an zu hohen Kosten übersieht, dass durch die Konfliktlösung mithilfe der Mediation der Verwaltung aufwendige und teure Verfahrensabläufe erspart bleiben. Und auch wenn vor Gericht Vergleiche geschlossen werden können, ist fraglich, ob die Konfliktparteien in einem fortgeschrittenen Rechtsstreit tatsächlich sämtliche Lösungsoptionen akzeptieren würden, für die sie noch zu Beginn des Konflikts offen gewesen wären.[241]

2. Weiterentwicklung des Widerspruchsverfahrens

Ausgehend vom systemtheoretischen Ansatz von Niklas Luhmann, liegt ein Konflikt vor, »wenn einer Kommunikation widersprochen wird.«[242] Unverkennbar lassen sich aufgrund des Wortlauts dieser Begriffsdefinition Bezüge zur VwGO herstellen, die mit §§ 68 Abs. 1 S. 1, 69 VwGO Regelungen zum Widerspruchsverfahren enthält und damit mögliche Wege zum Umgang mit Konflikten im Bereich des öffentlichen Rechts aufzeigt. Sie verdienen daher eine tiefere Auseinandersetzung.

Unterschieden wird im Wesentlichen zwischen der substituierenden – das heißt: einer das Verwaltungsgerichtsverfahren ersetzenden – und der das Verwaltungsgerichtsverfahren ergänzenden Mediation.[243] Wenn Konfliktparteien sowohl vor als auch neben einem Verwaltungsgerichtsverfahren auf eine Mediation zugehen können[244] und diesbezüglich der öffentlichen Verwaltung als Konfliktpartei eine besondere Verantwortung zukommt,[245] stellt sich unweigerlich die Frage nach dem Verhältnis der Mediation zum Widerspruchsverfahren. Neben Rechtsschutz ermöglicht das Widerspruchsverfahren der Verwaltung, eigene Entscheidungen zu überdenken (Selbstkontrolle der Verwaltung) und Konflikte vor einem Ge-

---

239 *Herzberg/Knauff/Debus/Schulz,* ThürVBl. 2020, 181, 184; ähnlich schon *Würtenberger,* NJW 1991, 257, 261.

240 *Pfisterer,* AJP/PJA 2010, 1540, 1543 f.

241 Mit dieser Beobachtung in Bausachen *Seibert,* NVwZ 2008, 365, 368.

242 *Luhmann,* Soziale Systeme, 1984, S. 486, 527.

243 *Ronellenfitsch,* DÖV 2010, 373, 377.

244 *Fritz,* in: *Kracht/Niedostadek/Sensburg,* Praxishandbuch Professionelle Mediation, 2023, S. 733, 736; *Ortloff,* NVwZ 2007, 33 f.

245 Eine besondere Verantwortung bei den zuerst mit den Bürgerinnen und Bürgern in Kontakt stehenden Behörden sieht *Maaß,* VerwArch. 1997, 701, 713.

richtsverfahren zu klären (Entlastung der Gerichte).[246] Bereits im Wege der Gesetzeserarbeitung des MediationsG finden sich Ausführungen, wonach eine außergerichtliche Mediation ein vorgerichtliches Mediationsverfahren im Rahmen eines Widerspruchsverfahrens beinhaltet.[247]

Teilweise wird im Widerspruchsverfahren kaum Raum für Mediation und mediative Elemente gesehen, sondern eher vorher im Verwaltungsverfahren oder danach im verwaltungsgerichtlichen Verfahren.[248] Mediation und mediative Elemente möglichst früh anzuwenden, überzeugt. Ihnen aber erst im verwaltungsgerichtlichen Verfahren Raum zu geben, käme zu spät. Um größeren Zuspruch für behördliche Entscheidungen herzustellen und Verwaltungsgerichten, Bürgerinnen und Bürgern sowie den Behörden selbst vermeidbare Arbeit abzunehmen, wird im Schrifttum die Umwandlung des Widerspruchsverfahrens in ein mediatives Vorverfahren gefordert.[249] Diese weitreichende Forderung ist mit Verweis auf die zu häufige Ungeeignetheit der Fälle, die teilweise fehlende Bereitschaft der Beteiligten sowie zu großen Aufwand und zu hohe Kosten auf Kritik gestoßen.[250] Auch das Risiko, dass die Mediation bloßer Zwischenstopp vor dem gerichtlichen Verfahren wird, steht im Raum.[251] Gerade weil viele Verwaltungsverfahren auf die Klärung von Rechtsfragen hinauslaufen, wie beispielsweise im Bereich des Abgabenrechts, wird zum Teil für ein Nebeneinander von Mediationsverfahren und Widerspruchsverfahren plädiert.[252] Möglicherweise lässt sich an den vermittelnden Vorschlag anknüpfen, die Mediation in das Vorverfahren einzufügen, indem Widerspruchsführerinnen und Widerspruchsführer mit Einlegung des Widerspruchs eine Mediation beantragen können, um so das Vorverfahren zu erhalten und ihm gleichzeitig mehr Effektivität zu verschaffen.[253] Falls eine Mediation nicht

[246] *Debus*, DÖV 2017, 810, 819; *Härtel*, VerwArch. 2007, 54, 62 ff.; *Maaß*, VerwArch. 1997, 701, 708.

[247] Ähnlich einem vorgerichtlichen Mediationsverfahren im Rahmen einer Streitigkeit über Erstattungen zwischen Körperschaften des öffentlichen Rechts, BR-Drucksache 60/11 vom 04.02.2011, S. 18; aufgegriffen wird dieser Gesetzentwurf von *Guckelberger*, NVwZ 2011, 390 f.

[248] *Baumeister*, in: *Seok/Ziekow*, Mediation als Methode und Instrument der Konfliktmittlung im öffentlichen Sektor, 2010, S. 121, 135.

[249] Mit dem sehr weitreichenden Ansatz des mediativen Vorverfahrens *Vetter*, Mediation und Vorverfahren, 2004, S. 131 ff., 241 ff.

[250] *Beaucamp*, DÖV 2011, 886, 890.

[251] Eher nur für die Anwendung mediativer Elemente *Pitschas*, NVwZ 2004, 396, 401, 403.

[252] Für eine flexiblere Handhabung der Mediation *von Bargen, J.*, Der Staat 2006, 150, 152 f.

[253] Mit einem Formulierungsvorschlag für eine Änderung des VwVfG und der VwGO *Härtel*, VerwArch. 2007, 54, 73, 77.

zustande kommen sollte, könnten immer noch mediative Elemente Anwendung finden.[254]

Fraglich ist, wie ein solcher Weg konkret ausgestaltet sein könnte. Neben der Einsetzung sogenannter Widerspruchsausschüsse[255] geht ein sehr erfolgreich erprobter Vorschlag auf ein Pilotprojekt des Thüringer Bürgerbeauftragten zurück, in dem jüngst die mündliche Erörterung im Widerspruchsverfahren untersucht wurde.[256] In diesem Pilotprojekt hat sich gezeigt, dass sowohl Behörden als auch Bürgerinnen und Bürger dadurch zur eigenverantwortlichen Suche nach Lösungen ermuntert werden können, dass nach erfolgloser Abhilfeprüfung durch die Ausgangsbehörde, aber vor der Bearbeitung des Widerspruchs durch die Widerspruchsbehörde ein Mediationstermin stattfindet, bei dem die Bürgerbeauftragte beziehungsweise der Bürgerbeauftragte mediiert.[257] Ein Drittel der Verwaltungsverfahren erwiesen sich im besagten Pilotprojekt als mediationstauglich, von denen wiederum 60 % der Vorgänge einer einvernehmlichen Lösung zugeführt werden konnten.[258] Regelungsort wären neben §§ 68 f. VwGO die landesrechtlichen Gesetze zur Ausführung der VwGO (LAG-VwGO) und die landesrechtlichen Bürgerbeauftragtengesetze (LBüBG).[259]

Auch wenn aufgrund der gesetzlichen Regelung in § 68 Abs. 1 S. 2 Alt. 1 VwGO in vielen Fällen ein Widerspruchsverfahren ausscheidet, sollte das Widerspruchsverfahren allein schon aufgrund des weiterhin bestehenden Anwendungsbereichs erhalten bleiben. Um Bürgerinnen und Bürgern gleichermaßen Zugang zum zeitgemäßen Konfliktlösungsmodell der Mediation zu gewähren, sollte im Rahmen des Widerspruchsverfahrens eine Mediation in geeigneten Fällen möglich werden. Auf vorgerichtliche Konfliktlösungsmodelle im Verwaltungsverfahren zu verzichten, bedeutet im Ergebnis eine zusätzliche Belastung der Verwaltungsgerichte und lange Verwaltungsgerichtsverfahren.[260] Die zuständigen Gesetzgeber sollten da-

[254] *Härtel*, VerwArch. 2007, 54, 73, 77.

[255] *Härtel*, VerwArch. 2007, 54, 73 ff.

[256] *Herzberg/Knauff/Debus/Schulz*, ThürVBl. 2020, 181 ff.

[257] *Herzberg/Knauff/Debus/Schulz*, ThürVBl. 2020, 181 f.

[258] *Herzberg/Knauff/Debus/Schulz*, ThürVBl. 2020, 181 ff.

[259] Im Falle des Thüringer Landesrechts schlägt der Bürgerbeauftragte vor, die Mediation in das ThürBüBG aufzunehmen und im ThürAGVwGO auf das ThürBüBG zu verweisen, *Herzberg/Knauff/Debus/Schulz*, ThürVBl. 2020, 181, 185.

[260] Zu den Wechselwirkungen zwischen der Durchführung eines Widerspruchsverfahrens und der Inanspruchnahme von Verwaltungsgerichten mit Beispielen aus Bayern und Niedersachen *Härtel*,

her Regelungen auf den Weg bringen, die nach erfolgloser Abhilfeprüfung durch die Ausgangsbehörde, aber vor Beginn der Bearbeitung des Widerspruchs durch die Widerspruchsbehörde eine Mediation ermöglicht. Bis es zu einer solchen Regelung kommt, steht es der Verwaltung jetzt schon frei, auf eine Mediation zuzugehen.

IV. Aufbau von Koordinierungsstellen für Mediation in Verwaltungsangelegenheiten

Aufgrund der in der vorliegenden Untersuchung herausgearbeiteten Notwendigkeit eines einfach ausgestalteten Zugriffs auf externe Mediatorinnen und Mediatoren[261] stellt sich die Frage, wie ein solcher sichergestellt werden könnte. Mediationsstellen in den Bundesländern zur Koordinierung der Mediation in Verwaltungsangelegenheiten bilden hier im Mehrebenensystem von EU, Bund, Ländern und Kommunen einen geeigneten Ansatz.[262] Die Idee von Koordinierungsstellen, über die ein zuverlässiger Zugriff auf Mediatorinnen und Mediatoren gewährleistet werden kann, ist aus Modellversuchen der gerichtsinternen Mediation im Bereich der Sozialgerichtsbarkeit bekannt.[263] Anders als Gerichte, die die Möglichkeit haben, für die Mediation gerichtsintern Richterinnen und Richter als Mediatorinnen und Mediatoren bereitzustellen, könnte eine Behörde aus Neutralitätsgesichtspunkten nicht ohne Weiteres unabhängige Mediatorinnen und Mediatoren aus der eigenen Mitarbeiterschaft für die Bearbeitung ihrer Konflikte mit Bürgerinnen und Bürgern bereitstellen.[264]

Dieser Problemlage könnte dadurch begegnet werden, die Landesstellen der Bürgerbeauftragten[265] zu Koordinierungsstellen für Mediation in Verwaltungsangelegenheiten weiterzuentwickeln. Mit Blick auf den französischen Bürgerbeauftragten, der sich *Médiateur* nennt, wird deutlich, dass Bürgerbeauftragte in ihrer Arbeit auch Mediation zur Anwen-

---

VerwArch. 2007, 54, 65; ebenfalls *Biermann*, NordÖR 2007, 139, 142 ff., der die Entwicklung des Widerspruchsverfahrens in weiteren Bundesländern betrachtet.

261 Kapitel D. II.

262 von *Hoerschelmann*, ZKM 2018, 94, 96 f.

263 Zur Rolle des Mediationskoordinators *Becker/Friedrich*, MPISoc Working Paper 3/2009, S. 16.

264 *Bull/Mehde*, Allgemeines Verwaltungsrecht mit Verwaltungslehre, 2022, § 17, Rn. 649, die sich dafür aussprechen, für Mediationen, an denen Behörden beteiligt sind, die Mediatorinnen und Mediatoren nicht aus der Verwaltung hinzuzuziehen, sondern von außerhalb.

265 Zu deren Etablierung in den Bundesländern *Debus*, DÖV 2021, 922 ff.

dung bringen.[266] Die Stellen der Bürgerbeauftragten wären mit entsprechender Personalhinterlegung in der Lage, einen Pool von Mediatorinnen und Mediatoren aufzubauen und zu ihrer Vermittlung beizutragen.[267] Zudem könnten sie die qualitativen Mindeststandards festlegen und überwachen, nach denen Mediatorinnen und Mediatoren in den Pool aufgenommen werden.[268] Beim Aufbau solcher Pools könnte sogar auf Erfahrungen der innerbehördlichen Mediation zurückgegriffen werden, wo Wissen vorhanden ist, wie dabei vorzugehen ist.[269]

Verbunden mit der Weiterentwicklung der Landesstellen der Bürgerbeauftragten wäre eine Veränderung ihres Zuschnitts und ihrer Abläufe. Gerade solche Landesstellen, deren Arbeit momentan sehr auf die Bearbeitung von Petitionen und die Polizeiarbeit zugeschnitten ist, wie zum Beispiel der Bürger- und Polizeibeauftragte in Berlin,[270] wären in ihrem zugewiesenen Wirkungsbereich aktuell nicht in der Lage, die Aufgaben einer Koordinierungsstelle für Mediation in Verwaltungsangelegenheiten zu erfüllen. Dies liegt zum Beispiel daran, dass die Abläufe bei der Bearbeitung von Petitionen häufig eher darauf abzielen, dass sich die betroffenen Behörden überwiegend auf schriftlichem Wege für ihr Handeln rechtfertigen, und weniger darauf, in Mediationsgesprächen eine individuelle Lösungsoption herauszuarbeiten.[271] Ein weiterer Aspekt betrifft die Ausgestaltung, nach der ein klarer Schwerpunkt der Bürgerbeauftragten auf dem Polizei- und Ordnungsrecht liegt. Von den hier vorgeschlagenen Koordinierungsstellen für Mediation in Verwaltungsangelegenheiten wäre zu erwarten, dass sie eine Strahlwirkung in nahezu alle Gebiete des öffentlichen Rechts entwickeln. Das könnten die Bürgerbeauftragten in ihrer jetzigen Ausgestaltung nicht leisten.

Um den Behörden den Zugang in die Mediation zu erleichtern, bräuchten die Koordinierungsstellen für Mediation in Verwaltungsangelegenheiten zudem eine neutrale Bezeichnung. Die Bezeichnung der Bürgerbeauftragten mag gegenüber den Bürgerinnen und Bürgern attraktiv erschei-

[266] *Debus*, DÖV 2017, 810, 818 f.

[267] Zu ähnlichen Überlegungen für den Bereich der Umweltmediation mit der Gründung einer unabhängigen Einrichtung zur Förderung der Mediation, die Verzeichnisse mit Mediatorinnen und Mediatoren pflegt, *Holznagel/Ramsauer*, VerwArch. 2013, 131, 151 f., 159.

[268] Zum Erwerb von Mediationskenntnissen u. a. *von Bargen, J.*, DVBl. 2004, 468, 476 f.

[269] *von Werthern/Rüpke*, Konfliktdynamik 2013, 144, 146 f.

[270] § 1 Abs. 1 und 2 BeBüPolG Bln.

[271] *Debus*, DÖV 2017, 810, 817 f.

nen, die Verwaltung könnte hingegen bei dieser Bezeichnung an dem wichtigen Mediationsgrundsatz der Neutralität zweifeln.

Trotz dieser Aspekte, die es bei der Weiterentwicklung der Landesstellen der Bürgerbeauftragten hin zu Koordinierungsstellen für Mediation in Verwaltungsangelegenheiten zu berücksichtigen gilt, sprechen entscheidende Gründe für die dortige Ansiedlung. Die Ansiedlung der Koordinierungsstellen für Mediation in Verwaltungsangelegenheiten bei den Bürgerbeauftragten würde den finanziellen Aufwand beim organisatorischen Aufbau durch vorhandene Strukturen verringern.[272]

Mit der Ansiedlung der Koordinierungsstellen für Mediation in Verwaltungsangelegenheiten bei den Bürgerbeauftragten läge ferner eine organisatorische Zuweisung zur legislativen Gewalt vor.[273] Hierdurch wird unverkennbar deren Unabhängigkeit gegenüber der öffentlichen Verwaltung gestärkt. Lediglich sollten die Veränderungen des Zuschnitts der Bürgerbeauftragten und der dortigen Abläufe durch entsprechende gesetzliche Änderungen der LBüBG abgebildet werden.[274]

V. Raum für Vorreiterinnen und Vorreiter und Vernetzung

Neben dem bereits besprochenen »gesetzlichen Spielraum für kooperative Verfahren (enabling legislation)« hat *Markus Troja* die Bedeutung der »persönlichen Initiative und Überzeugung wichtiger Einzelpersonen« als wesentlichen »Erfolgsfaktor für die Einführung kooperativen Konfliktmanagements« herausgestellt.[275] Ergebnisse der Langzeitstudie von PricewaterhouseCoopers und der Europa-Universität Viadrina bestätigen diese Beobachtung, wenn in ihnen »Implementierungsinitiativen einzelner Personen« für die erfolgreiche Implementierung von Konfliktmanagement als wesentlich erachtet werden.[276] Das Modell, auf das diese Langzeitstudie Bezug nimmt, ist in der Innovationsforschung von *Eberhard Witte* in den siebziger Jahren als »Promotorenmodell« mit sogenannten »Macht- und

---

[272] In diese Richtung schon *Dietz*, ZRP 2004, 268 ff.

[273] *Debus*, DÖV 2017, 810, 814 f.

[274] *Herzberg/Knauff/Debus/Schulz*, ThürVBl. 2020, 181, 185.

[275] *Troja*, Umweltkonfliktmanagement und Demokratie, 2001, S. 359 ff.

[276] PwC/EUV, Konfliktmanagement in der deutschen Wirtschaft – Entwicklungen eines Jahrzehnts, 2016, S. 25 f., 84; zur Bedeutung von Promotorinnen und Promotoren bereits PwC/EUV, Konfliktmanagement: Von den Elementen zum System, 2011, S. 56 ff.; *Gläßer/Hammes/von Oertzen*, Personal 2011, 48, 50.

Fachpromotoren«[277] bekannt und in den neunziger Jahren von *Jürgen Hauschildt* um sogenannte »Prozesspromotoren« ergänzt worden, die die Organisation sehr gut kennen und ihr Informations- und Kommunikationsgeschick einbringen.[278] Promotorinnen und Promotoren sind demnach Menschen, die – in Anerkennung der Hierarchie – nicht an Bestehendem festhalten wollen, sondern bestrebt sind, Neues zu forcieren.[279] Sogenannte »Machtpromotorinnen und -promotoren« setzen ihre aufgrund der Hierarchie bestehende Macht ein.[280] Sogenannte »Fachpromotorinnen und -promotoren« befördern Neues aufgrund ihres fachlichen Wissens.[281] Unter Umständen kann eine Person sogar mehrere der genannten Aspekte gleichzeitig verkörpern.[282]

Fraglich ist, wie Initiativen an Behörden heute konkret ausgestaltet sein könnten. Ein gutes Beispiel sind hier die Modellversuche der gerichtsinternen Mediation. Modellprojekte, wie sie im Bereich der Sozialgerichtsbarkeit[283] und an Verwaltungsgerichten[284] durchgeführt wurden, hatten einen solchen Innovationscharakter. Es gibt somit Vorbilder für Mediationsbestrebungen in dem dem Verwaltungsgerichtsverfahren vorgelagerten Verwaltungsverfahren. Künftige Modellversuche wären vorzugsweise nicht mehr nur an Gerichten, sondern vor allem bei Behörden anzusiedeln. Im Blick sind in erster Linie die Verwaltungsbereiche, in denen bisher keine bis wenig Mediationserfahrung vorhanden ist, das heißt insbesondere jene jenseits von multidimensionalen Konfliktlagen und von Konflikten im Innenverhältnis von Behörden.

In Anwendung des Promotorenmodells sind es vor allem Referats- und Abteilungsleitungen von Behörden, die ihren Einfluss in der Hierarchie zur Durchführung solcher Modellprojekte geltend machen können.[285] Behörden haben einen erheblichen Nutzen, wenn sie den Raum bieten, dass

---

277 *Witte*, Organisation für Innovationsentscheidungen, 1973, S. 14 ff.

278 *Hauschildt*, in: *Franke/von Braun*, Innovationsforschung und Technologiemanagement, 1998, S. 175,181 f.

279 *Witte*, Organisation für Innovationsentscheidungen, 1973, S. 15 f.

280 *Witte*, Organisation für Innovationsentscheidungen, 1973, S. 17 f.

281 *Witte*, Organisation für Innovationsentscheidungen, 1973, S. 18 f.

282 *Witte*, Organisation für Innovationsentscheidungen, 1973, S. 19 f., der in diesem Fall von »Personalunion« spricht.

283 *Becker/Friedrich*, MPISoc Working Paper 3/2009.

284 *von Bargen, J.*, DVBl. 2004, 468 ff.

285 In der Stadtverwaltung Heidelberg war es z. B. ein Amtsleiter, der praktische Erfahrungen im Umgang mit Mediation für seine Behörde ermöglichte, *Weigle*, ZKM 2009, 143.

sich Menschen mit Mediationserfahrung untereinander vernetzen können.[286] Behördenbeschäftigte, die Mediationserfahrung besitzen und beispielsweise als Mediatorinnen und Mediatoren ausgebildet sind, sollten diesen Raum einfordern, da sie aufgrund ihrer fachlichen Expertise in der Lage sind, neue Anstöße zu geben. Sie können ihr Wissen und ihre Erfahrung in die Verwaltungsabläufe einbringen und strategisch überlegen, wen sie für ihr Vorhaben gegebenenfalls hinzuziehen müssen. In der Regel werden dies in der Verwaltungsorganisation Vorgesetzte sowie Personal- und Organisationsabteilungen sowie Haushaltsverantwortliche und Gremienvertretungen sein.

VI. Erhöhte Sichtbarkeit

Damit die Mediation zwischen Behörden und Bürgerinnen und Bürgern in den bestehenden Anwendungsfeldern weiter ausgebaut und neue erschlossen werden können, ist die Sichtbarkeit der Mediationsoption nach innen wie außen nicht zu unterschätzen. Maßnahmen sollten daher darauf abzielen, Mediation über das Zivilrecht hinaus auch im öffentlichen Recht bekannter zu machen.[287] Dazu beitragen könnten Selbstverpflichtungen,[288] die sowohl Aufmerksamkeit und eine Verbindlichkeit nach innen, als auch ein Bekenntnis und Sichtbarkeit nach außen darstellen.[289] Im Umgang mit Business-to-Business-Streitigkeiten sind Corporate Pledges verbreitet, worunter Selbstverpflichtungen zu verstehen sind, nach denen sich ein Unternehmen in einem Konflikt mit einem anderen Unternehmen richtet.[290]

In einer der bereits erwähnten Studien von PricewaterhouseCoopers und der Europa-Universität Viadrina wurden die Vorzüge freiwilliger Selbstverpflichtungen hervorgehoben.[291] Was hier für die Wirtschaft gilt,

---

[286] Zur Koordinierung der Mediation in der Schweiz und damit verbundenen Vorteilen für die Verwaltung *Pfisterer*, AJP/PJA 2010, 1540, 1550.

[287] Als Ziel formuliert von *Guckelberger*, in: *Seok/Ziekow*, Mediation als Methode und Instrument der Konfliktmittlung im öffentlichen Sektor, 2010, S. 235, 269.

[288] Mit einem Beispiel aus der Wirtschaft *Klowait*, ZKM 2016, 154.

[289] Zur inneren und äußeren Wirkung von Selbstverpflichtungen PwC/EUV, Konfliktmanagement in der deutschen Wirtschaft – Entwicklungen eines Jahrzehnts, 2016, S. 84.

[290] *Klowait*, Konfliktdynamik 2016, 102 ff.

[291] Zum Corporate Pledge PwC/EUV, Konfliktmanagement in der deutschen Wirtschaft – Entwicklungen eines Jahrzehnts, 2016, S. 45 f., 84 f.

lässt sich auf die Sichtbarkeit der Mediation zwischen Behörden und Bürgerinnen und Bürgern übertragen. In der Ausgestaltung ließen sich bei Bedarf ohne Weiteres besondere verfassungsrechtliche Anforderungen berücksichtigen. Mag es vereinzelt noch für Behördenbeschäftigte schwer sein, sich mit Bürgerinnen und Bürgern auf Augenhöhe zu begegnen,[292] dürfte dies in der heutigen Behördenkultur mehr und mehr zur Regel geworden sein. Wenn auch nicht überall, so ist doch inzwischen in vielen Bereichen der öffentlichen Verwaltung damit zu rechnen, dass eine entsprechende Verpflichtung auf den nötigen Rückhalt in Behörden treffen und damit eine Selbstverpflichtung den nötigen Zuspruch erfahren würde, um eine Verbindlichkeit herzustellen, die nicht nur auf dem Papier steht.[293]

VII. Raum für praktische Erfahrungen

Praktische Erfahrungen würden die Vertrautheit der Behördenmitarbeitenden erhöhen und dazu beitragen, möglicherweise vorhandene Skepsis gegenüber dem Mediationsverfahren abzubauen. »Positive Erfahrungen mit kooperativen Verfahren« hat *Markus Troja* als dritten »Erfolgsfaktor für die Einführung kooperativen Konfliktmanagements« beschrieben.[294] Es ist insofern wichtig, dass Behördenbeschäftigte Mediationskenntnisse nicht allein über den formalen Ausbildungs- oder Fortbildungsweg erwerben, sondern insbesondere auch durch persönliche Erfahrungen aufbauen.[295] Dazu bedarf es einer niederschwelligen und zielgruppenscharfen Kommunikation, die über klassische Ansprachen in Broschüren und über Internetseiten hinausgeht.[296] Sicher braucht es auch ein Stück Beharrlichkeit, wie die Einführung der Mediation in das Sozialrecht zeigt. Bestanden Anfang der 2000er Jahre kaum mediative Ansätze in diesem Bereich des öffentlichen Rechts, so dass sich in einem aus über 1.400 Seiten bestehenden Handbuch zur Mediation zu ihrer Anwendung im Sozialrecht nur wenige Seiten schreiben ließen, so ahnte doch der Verfasser des Handbuchs,

[292] Weniger optimistisch in seiner Einschätzung *Schmidt*, in: *Kracht/Niedostadek/Sensburg*, Praxishandbuch Professionelle Mediation, 2023, S. 739, 755.

[293] Zur Wirksamkeit und Attraktivität einer Selbstverpflichtung PwC/EUV, Konfliktmanagement in der deutschen Wirtschaft – Entwicklungen eines Jahrzehnts, 2016, S. 45 f., 76.

[294] *Troja*, Umweltkonfliktmanagement und Demokratie, 2001, S. 359 ff.

[295] *Pfisterer*, AJP/PJA 2010, 1540, 1550.

[296] Mit Bezugnahme auf den 5. Bayerischen Mediationstag am 29. 06. 2023 in München *Greger*, ZKM 2023, 171.

dass sich hier Mediationspotentiale heben ließen.[297] Schon wenige Jahre später haben Modellversuche die Mediation auch im Sozialrecht erlebbar und praxisrelevant gemacht.[298] Im Gegensatz zu früheren Zeiten wird die Mediation im Sozialrecht heute umfangreich in der Fachliteratur behandelt.[299] Es ist damit zu rechnen, dass in möglicherweise heute noch für mediationsungeeignet gehaltenen Bereichen künftig die Konfliktbearbeitungsmethode der Mediation zur Anwendung kommt.[300]

VIII. Zwischenfazit

Mediation bildet den Schlüssel für ein nachhaltiges Konfliktmanagement der öffentlichen Verwaltung. Sie sollte daher viel häufiger bei Konflikten zwischen Behörden und Bürgerinnen und Bürgern zur Anwendung kommen. Dafür braucht es zunächst ein Bewusstsein der Konfliktparteien für den verfassungsrechtlichen Rahmen des öffentlichen Rechts. Denn die Besonderheiten, die das öffentliche Recht in der Mediationspraxis mit sich bringt, sind ernst zu nehmen und dürfen nicht ausgeblendet werden. Da Behörden der Zugang in die Mediation dadurch aber in der Regel nicht versperrt ist, sollten sie nicht als unüberbrückbare Hindernisse betrachtet werden. Der im öffentlichen Recht bestehende verfassungsrechtliche Rahmen ist im Ergebnis weniger als Hindernis, sondern vielmehr als eine rechtssichere Grundlage für Mediation zwischen Behörden und Bürgerinnen und Bürgern anzusehen.

Was es zudem braucht, ist ein klares Rollenverständnis der an einer Mediation beteiligten Akteure. Während mediative Elemente grundsätzlich jederzeit auch von Behördenmitarbeitenden in ihrer Verwaltungstätigkeit zur Anwendung kommen können, bedürfen Mediationsverfahren insbesondere aus Neutralitätsgesichtspunkten und zur Einhaltung der Allparteilichkeit externer Mediatorinnen und Mediatoren. Je nach Einzelfall kann ein Mindestmaß an Fachkenntnissen der betroffenen Rechtsmate-

---

297 *Kilger* in: *Haft/Gräfin von Schlieffen*, Handbuch Mediation, 2002, § 45, Rn. 1 ff.

298 Zu Modellversuchen in der Sozialgerichtsbarkeit *Becker/Friedrich*, MPISoc Working Paper 3/2009, S. 23 ff.

299 *Ziegler*, in: *Plagemann/Bieresborn/Schafhausen*, Münchener Anwaltshandbuch Sozialrecht, 2024, § 44, Rn. 57 ff.

300 Am Beispiel des Umweltrechts *Guckelberger*, in: *Seok/Ziekow*, Mediation als Methode und Instrument der Konfliktmittlung im öffentlichen Sektor, 2010, S. 235, 271.

rie aufseiten der Mediatorin oder des Mediators dem Mediationsprozess dienlich sein.

Mediation wird jenseits der bereits etablierten Anwendung in multidimensionalen Konfliktlagen und behördeninterner Konfliktbearbeitung ohne gesetzliche Anpassungen im Verwaltungsverfahrensrecht nur sehr langsam Fuß fassen. Um die Implementierung der Mediation für Konflikte zwischen Behörden und Bürgerinnen und Bürgern zu beschleunigen, sind daher Mediationsvorschriften in das VwVfG und die LVwVfG aufzunehmen. Eine Vorbildwirkung geht von mehreren gesetzlichen Anpassungen in der Schweiz aus, die im Falle von Konfliktsituationen zwischen Verwaltungsbehörden und Bürgerinnen und Bürgern einen klaren Weg in die Mediation weisen.

Das Widerspruchsverfahren im Sinne der §§ 68 Abs. 1 S. 1, 69 VwGO ist als außergerichtliche Konfliktbearbeitungsmöglichkeit erhaltenswert, allerdings zugunsten eines modernen und nachhaltigen Konfliktmanagements mit einem optionalen Mediationsverfahren zu verbinden. Im Widerspruchsverfahren ist eine Mediation in geeigneten Fällen jetzt schon möglich. Um das Mediationsverfahren aber als mit einem Widerspruchsverfahren gleichwertige Konfliktbearbeitung im Verwaltungsverfahren zu etablieren, sollten die VwGO, die LAGVwGO sowie die LBüBG dahingehend angepasst werden, dass nach erfolgloser Abhilfeprüfung durch die Ausgangsbehörde, aber vor Beginn der Bearbeitung des Widerspruchs durch die Widerspruchsbehörde eine Mediation vorgesehen wird.

Um einen einfachen Zugriff auf qualifizierte Mediatorinnen und Mediatoren zu gewährleisten, sind Koordinierungsstellen für Mediation in Verwaltungsangelegenheiten einzurichten. Die Landesstellen der Bürgerbeauftragten eigenen sich hier für eine Weiterentwicklung, da sie bei der legislativen Gewalt angesiedelt sind und unabhängig agieren können. Gesetzlich erforderliche Anpassungen betreffen die LBüBG und sind darin vorzunehmen.

Bis zur Umsetzung der gesetzlichen Anpassungen sollten Behörden bereits jetzt ermutigt werden, häufiger als bisher Mediation frühzeitig im Verwaltungsverfahren zu erproben und Erfahrungen im Umgang mit ihr zu sammeln. Neue Initiativen werden auf Vorreiterinnen und Vorreiter angewiesen sein. Diejenigen, die in Behörden Verantwortung tragen, sollten Beschäftigen mit Mediationsexpertise den nötigen Raum eröffnen, um sich zu vernetzen und innovative Ideen in die Abläufe der Behörde einbringen und umsetzen zu können. Sie könnten in ihren Behörden zum Beispiel Modellprojekte initiieren und begleiten.

Ferner ist auf kommunikativer Ebene die Sichtbarkeit der Mediation nach innen und außen zu verbessern, wozu sich zum Beispiel Selbstverpflichtungen eigenen würden. Durch sie ließen sich die Vorzüge des Mediationsverfahrens in die Behörden kommunizieren und die grundsätzliche Offenheit gegenüber Mediation nach außen zeigen.

Auch wenn zunächst nur einzelne dieser Empfehlungen umgesetzt werden sollten, leisten sie schon für sich einen Beitrag dazu, dass in der Zukunft mehr Behördenbeschäftigte neben Aus- und Weiterbildungsangeboten selbst praktische Erfahrungen mit Mediation machen können.

E. Fazit und Ausblick

Im Rahmen der vorliegenden Untersuchung konnten mehrere Ansätze entwickelt werden, mittels derer Behörden künftig ermutigt werden können, Konflikte mit Bürgerinnen und Bürgern in einer Mediation zu bearbeiten. Dazu zählen mediationsbegünstigende Anpassungen der Verwaltungsgesetzgebung und hier insbesondere der VwVfG, LVwVfG, VwGO und AGVwGO sowie der LBüBG und die Einrichtung von Koordinierungsstellen für Mediation in Verwaltungsangelegenheiten. Bis zur Umsetzung solcher gesetzlichen Anpassungen können im Bewusstsein des verfassungsrechtlichen Rahmens und mit einem klaren Rollenverständnis Initiativen, wie zum Beispiel Pilotprojekte und Selbstverpflichtungen aus den Behörden heraus, einen nennenswerten Beitrag zur Inanspruchnahme der Mediation auch jenseits multidimensionaler Konfliktlagen und der behördeninternen Konfliktbearbeitung leisten.

Die Ergebnisse der Untersuchung veranschaulichen, dass die Potentiale im Bereich der Mediation als Konfliktbearbeitungsinstrument zwischen Behörden auf der einen und Bürgerinnen und Bürgern auf der anderen Seite enorm sind. Gleichzeitig bestehen nicht zu unterschätzende Herausforderungen, die vorhandenen Potentiale zu nutzen. Positive Beispiele im In- und Ausland zeigen, dass die Mediation auch in der Konfliktbearbeitung mit Bürgerinnen und Bürgern an Gewicht gewinnen wird. Offen ist die Geschwindigkeit, mit der dies erfolgen wird. Auf die Geschwindigkeit haben neben dem Gesetzgeber vor allem diejenigen Einfluss, die in Behörden Verantwortung tragen – sei es aufgrund ihrer Entscheidungsbefugnisse oder ihrer fachlichen Expertise.

Was zum Ende der vorliegenden Untersuchung aussteht, ist, einen Blick auf die Situation an der eingangs erwähnten Berliner Ringbahnbrücke zu werfen. Auf die besonders von Lärm betroffenen Anwohnerinnen und Anwohner ging die Autobahn GmbH schnell zu und bot, ehe es zu gerichtlichen Auseinandersetzungen kommen konnte, Ausgleichszahlungen an.[301] Damit sind noch nicht sämtliche Konflikte gelöst, die im Zusammenhang mit der Sanierung des Autobahndreiecks Funkturm bestehen oder sich erst entwickeln werden. Trotz des Umstands, dass die Autobahn GmbH

[301] rbb24.de, »Anwohner sollen wegen A100-Brückenabriss Lärmentschädigung erhalten«, Veröffentlichung vom 09. 04. 2025, abrufbar unter: https://www.rbb24.de/panorama/beitrag/2025/04/berlin-a100-ringbahnbruecke-abriss-baulaerm-entschaedigung.html (Stand 24. 06. 2026).

eine Rechtsform des Zivilrechts darstellt, können Behörden das kooperative Vorgehen im Umgang mit den betroffenen Bürgerinnen und Bürgern als Vorbild sehen.

Die folgende, bald 20 Jahre zurückliegende Aussage des Bundesverfassungsgerichts bleibt hochaktuell und eignet sich daher, die vorliegende Untersuchung zu schließen:

> *Eine zunächst streitige Problemlage durch eine einverständliche Lösung zu bewältigen, ist auch in einem Rechtsstaat grundsätzlich vorzugswürdig gegenüber einer richterlichen Streitentscheidung.*[302]

[302] BVerfG, Beschluss vom 14. Februar 2007 - 1 BvR 1351/01 - Rn. 35.

Literaturverzeichnis

Ahrens, Martin, Mediationsgesetz und Güterichter – Neue gesetzliche Regelungen der gerichtlichen und außergerichtlichen Mediation, NJW 2012, S. 2465–2471 [zitiert: *Ahrens*, NJW 2012, 2465 ff.]

Barczak, Tristan, Allgemeines Verwaltungsrecht als Lehre von Handlungsformen, JuS 2024, S. 289–297 [zitiert: *Barczak*, JuS 2024, 289 ff.]

von Bargen, Jan Malte, Mediation im Verwaltungsverfahren nach Inkrafttreten des Mediationsförderungsgesetzes, ZUR 2012, S. 468–474 [zitiert: *von Bargen, M.*, ZUR 2012, 468 ff.]

von Bargen, Joachim, Konfliktlösung mittels richterlicher Mediation als Alternative zum konventionellen Verwaltungsprozess, Die Verwaltung 2010, S. 405–428 [zitiert: *von Bargen, J.*, Die Verwaltung 2010, 405 ff.]

von Bargen, Joachim, Außergerichtliche Streitschlichtungsverfahren (Mediation) auf verwaltungsrechtlichem Gebiet in rechtsvergleichender Perspektive, EuR 2008, S. 200–222 [zitiert: *von Bargen, J.*, EuR 2008, 200 ff.]

von Bargen, Joachim, Rezension zu: *Vetter*, Mediation und Vorverfahren. Ein Beitrag zur Reform des verwaltungsgerichtlichen Vorverfahrens (Schriften zum öffentlichen Recht, Bd. 939), Der Staat 2006, S. 150–153 [zitiert: *von Bargen, J.*, Der Staat 2006, 150 ff.]

von Bargen, Joachim, Mediation im Verwaltungsprozess, DVBl. 2004, S. 468–477 [zitiert: *von Bargen, J.*, DVBl. 2004, 468 ff.]

Battis, Ulrich, Mediation in der Bauleitplanung, DÖV 2011, S. 340–345 [zitiert: *Battis*, DÖV 2011, 340 ff.]

Beaucamp, Guy, Mediation im Widerspruchsverfahren?, DÖV 2011, S. 886–890 [zitiert: *Beaucamp*, DÖV 2011, 886 ff.]

Becker, Ulrich/Friedrich, Nikola, Mediation in der bayerischen Sozialgerichtsbarkeit – Abschlussbericht zur Evaluation eines Modellprojekts, Max Planck Institute for Foreign and International Social Law, Working Papers, Volume 3, 2009 [zitiert: *Becker/Friedrich*, MPISoc Working Paper 3/2009]

Behrens, Sophia Nadine, Konfliktmanagement in der integrierten Bauprojektabwicklung, ZKM 2024, S. 50–55 [zitiert: *Behrens*, ZKM 2024, 50 ff.]

Biermann, Henning, Das Widerspruchsverfahren in der Krise – Überflüssige Hürde auf dem Weg zum Verwaltungsgericht oder bürgerfreundliches Verfahren mit Zukunftsperspektive?, NordÖR 2007, S. 139–149 [zitiert: *Biermann*, NordÖR 2007, 139 ff.]

Böhle, Thomas, Kommunales Personal- und Organisationsmanagement, 2. Auflage, C. H. Beck, München 2022 [zitiert: *Verfasser* in: *Böhle*, Kommunales Personal- und Organisationsmanagement, 2022]

Boochs, Wolfgang, Mediation im Steuerrecht, DStR 2006, S. 1062–1064 [zitiert: *Boochs*, DStR 2006, 1062 ff.]

Brettschneider, Frank, Bau- und Infrastrukturprojekte – mit dialogorientierter Kommunikation Konflikten vorbeugen, ZKM 2019, S. 204–208 [zitiert: *Brettschneider*, ZKM 2019, 204 ff.]

Brohm, Winfried, Beschleunigung der Verwaltungsverfahren – Straffung oder konsensuales Verwaltungshandeln? Zugleich ein Beitrag zu den Voraussetzungen von »Mediation« in den USA und den strukturellen Unterschieden zwischen amerikanischem und deutschem Recht, NVwZ 1991, S. 1025–1033 [zitiert: *Brohm*, NVwZ 1991, 1025 ff.]

Brohm, Winfried, Verwaltungsverfahren mit Hilfe von Konfliktmittlern?, DVBl. 1990, S. 321–328 [zitiert: *Brohm*, DVBl. 1990, 321 ff.]

Büsser, Maurus, Mediation im öffentlichen Bereich: Effiziente Verwaltung durch eigenverantwortliche Konfliktlösung, YSAS 2011, S. 139–150 [zitiert: *Büsser*, YSAS 2011, 139 ff.]

Bull, Hans Peter/Mehde, Veith, Allgemeines Verwaltungsrecht mit Verwaltungslehre, 10. Auflage, C. f. Müller, Heidelberg 2022 [zitiert: *Bull/Mehde*, Allgemeines Verwaltungsrecht mit Verwaltungslehre, 2022]

Burgi, Martin/Durner, Wolfgang, Modernisierung des Verwaltungsverfahrensrechts durch Stärkung des VwVfG: Transparenz, Bürgerfreundlichkeit und Perspektiven der Bürgerbeteiligung insbesondere in Verfahren der Eröffnungskontrolle, Nomos, Baden-Baden 2012 [zitiert: *Burgi/Durner*, Modernisierung des Verwaltungsverfahrensrechts durch Stärkung des VwVfG, 2012]

Damerau, Thomas/Zemmrich, Stefan, Mediation im Gerichtswesen – Ein Überblick über alternative Streitbeilegungsmöglichkeiten in der Zivil- und Verwaltungsgerichtsbarkeit, JA 2007, S. 203–206 [zitiert: *Damerau/Zemmrich*, JA 2007, 203 ff.]

Debus, Anne, Weitere Bürgerbeauftragte für das Land, DÖV 2021, S. 922–931 [zitiert: *Debus,* DÖV 2021, 922 ff.]

Debus, Anne, Die Bürgerbeauftragten der Bundesländer, DÖV 2017, S. 810–820 [zitiert: *Debus,* DÖV 2017, 810 ff.]

Dendorfer-Ditges, Renate, Umweltmediation – Bürgerpartizipation auf Augenhöhe oder lästige Pflichtübung?, Konfliktdynamik 2023, S. 68–72 [zitiert: *Dendorfer-Ditges,* Konfliktdynamik 2023, 68 ff.]

Dennier, Wolfgang, Innerbehördliche Konfliktverläufe über Dienstvereinbarung steuern: Ein Bericht über die Langzeiterfahrungen des Berliner Bezirksamts Friedrichshain-Kreuzberg, ZKM 2021, S. 113–117 [zitiert: *Dennier,* ZKM 2021, 113 ff.]

Dietz, Andreas, Behördliche Kostenlast im Mediationsverfahren, ZRP 2004, S. 268–270 [zitiert: *Dietz,* ZRP 2004, 268 ff.]

Dörflinger-Khashman, Nadia, Science Friction: Ein Konfliktmanagement-Programm für Forschungsgruppen, ZKM 2024, S. 89–92 [zitiert: *Dörflinger-Khashman,* ZKM 2024, 89 ff.]

Dombert, Matthias/Witt, Karsten (Hrsg.), Münchener Anwaltshandbuch Agrarrecht, 3. Auflage, C. H. Beck, München 2022 [zitiert: *Verfasser* in: *Dombert/Witt,* Münchener Anwaltshandbuch Agrarrecht, 2022]

Dürschke, Joachim, Güterichter statt Mediator – Güteverhandlung und Mediation im sozialgerichtlichen Verfahren, NZS 2013, S. 41–51 [zitiert: *Dürschke,* NZS 2013, 41 ff.]

Eberle, Carl-Eugen, Die Verwaltung 1984, S. 439–464 [zitiert: *Eberle,* Die Verwaltung 1984, 439 ff.]

Ehlers, Dirk/Pünder, Hermann (Hrsg.), Allgemeines Verwaltungsrecht, 16. Auflage, C. f. Müller, Heidelberg 2022 [zitiert: V*erfasser* in: *Ehlers/Pünder,* Allgemeines Verwaltungsrecht, 2022]

Eyermann, Erich/Fröhler, Ludwig (Begr.), Verwaltungsgerichtsordnung: Kommentar, 16. Auflage, C. H. Beck, München 2022 [zitiert: *Verfasser,* in: *Eyermann,* Verwaltungsgerichtsordnung: Kommentar, 2022]

Feldmann, Mirja, Neue Wege bei der Bürger- und Öffentlichkeitsbeteiligung und mehr Transparenz im Umweltbereich – Ausgewählte Neuerungen des Umweltverwaltungsgesetzes für Baden-Württemberg, NVwZ 2015, S. 321–327 [zitiert: *Feldmann,* NVwZ 2015, 321 ff.]

Feuerich, Wilhelm E. (Begr.)/*Weyland, Dag* (Hrsg.), Bundesrechtsanwaltsordnung, 11. Auflage, Verlag Franz Vahlen, München, 2024 [zitiert: *Verfasser* in: *Feuerich/ Weyland*, BRAO, 2024]

Franke, Nikolaus/von Braun, Christoph-Friedrich (Hrsg.), Innovationsforschung und Technologiemanagement: Konzepte, Strategien, Fallbeispiele, Symposium zum Gedenken an Prof. Dr. Stephan Schrader am 2. Juli 1998, Springer, Berlin 1998 [zitiert: *Verfasser*, in: *Franke/von Braun*, Innovationsforschung und Technologiemanagement, 1998]

Frankewitsch, Annegret, Der externe Verhandlungsleiter vor Großveranstaltungen, NVwZ 2012, S. 1514–1517 [zitiert: *Frankewitsch*, NVwZ 2012, 1514 ff.]

Freimuth, Joachim, Megaprojekt Energiewende: Konfliktpotentiale, Konfliktlösungen und die Anforderungen an Planung und Beratung, ZKM 2015, S. 107–111 [zitiert: *Freimuth*, ZKM 2015, 107 ff.]

Friedrich, Nikola, Mediation in der Sozialgerichtsbarkeit, in: Studien aus dem Max-Planck-Institut für Sozialrecht und Sozialpolitik, Band 53, Nomos, Baden-Baden 2011 [zitiert: *Friedrich*, Mediation in der Sozialgerichtsbarkeit, 2011]

Fritz, Roland/Pielsticker, Dietrich (Hrsg.), Handbuch Mediationsrecht, 3. Auflage, Wolters Kluwer, Hürth 2024 [zitiert: *Fritz/Pielsticker*, Handbuch Mediationsrecht, 2024]

Fritz, Roland/Krabbe, Heiner, Gerichtsinterne Mediation – Der Faktor »Zeit«: Verfahrensoptimierung durch Kurz-Zeit-Mediation – Teil 1, NVwZ 2011, S. 396–400 [zitiert: *Fritz/Krabbe*, NVwZ 2011, 396 ff.]

Gans, Brigitte, Huber, Anja, Vermittlung im öffentlichen Raum und in Nachbarschaftskonflikten: Die Stellen AKIM und SteG der Landeshauptstadt München, ZKM 2018, S. 53–56 [zitiert: *Gans/Huber*, ZKM 2018, 53 ff.]

Gessler, Ornella/Bloem, Insa, Kommunale Konfliktberatung: Ein Unterstützungsangebot für die Bearbeitung von Konflikten in Gemeinden, Städten und Landkreisen, ZKM 2022, S. 225–228 [zitiert: *Gessler/Bloem*, ZKM 2022, 225 ff.]

Gläßer, Ulla/Kirchhoff, Lars, Konfliktmanagement deutscher Unternehmen 2005–2015: Ergebnisse eines Langzeit-Forschungsprojekts, ZKM 2017, S. 44–49 [zitiert: *Gläßer/Kirchhoff*, ZKM 2017, 44 ff.]

Gläßer, Ulla/Hammes, Michael/von Oertzen, Jürgen, Konflikte im Fokus, Personal 2011, S. 48–50 [zitiert: *Gläßer/Hammes/von Oertzen*, Personal 2011, 48 ff.]

Glöckner, Dennis/Guther-Burchard, Sibylle/Wenzel, Kirsten, KLiK – Das Geräusch eines guten Gedankens: Ein informelles Netzwerk für Konstruktive Lösungswege in Konflikten in Berliner Verwaltungen, Konfliktdynamik 2013, S. 234–237 [zitiert: *Glöckner/Guther-Burchard/Wenzel*, Konfliktdynamik 2013, 234 ff.]

Greger, Reinhard, Brainstorming für mehr Mediation, ZKM 2023, S. 171–175 [zitiert: *Greger*, ZKM 2023, 171 ff.]

Greger, Reinhard, Abschlussbericht zur Evaluation des Projekts Geförderte Familienmediation in Berlin im Auftrag der Senatsverwaltung für Justiz, Verbraucherschutz und Antidiskriminierung Berlin, 2020, abrufbar unter: https://www.reinhard-greger.de/dateien/BIGFAM-Evaluationsbericht.pdf (Stand 24. 06. 2026) [zitiert: *Greger*, Abschlussbericht zur Evaluierung des Projekts Geförderte Familienmediation in Berlin im Auftrag der Senatsverwaltung für Justiz, Verbraucherschutz und Antidiskriminierung Berlin, 2020]

Greger, Reinhard, Geförderte Familienmediation in Berlin – Lehren aus einem Modellversuch, ZKM 2020, S. 90–93 [zitiert: *Greger*, ZKM 2020, 90 ff.]

Grobosch, Petra/Heymann, Wolfgang, Vertrauen als Verfahrensgegenstand – Fallgruppen der Mediation, NJW 2012, S. 3626–3628 [zitiert: *Grobosch/Heymann*, NJW 2012, 3626 ff.]

Guckelberger, Annette, Einheitliches Mediationsgesetz auch für verwaltungsrechtliche Konflikte?, NVwZ 2011, S. 390–396 [zitiert: *Guckelberger*, NVwZ 2011, 390 ff.]

Hadlich, Wolfgang/Rennhack, Michael, Mediation im öffentlichen Baurecht – Chancen einer neuen Planungskultur, LKV 1999, S. 9–12 [zitiert: *Hadlich/Rennhack*, LKV 1999, 9 ff.]

Härtel, Ines, Mediation im Verwaltungsrecht, JZ 2005, S. 753–763 [zitiert: *Härtel*, JZ 2005, 753 ff.]

Härtel, Ines, Rettungsanker für das Widerspruchsverfahren?, VerwArch. 2007, S. 54–77 [zitiert: *Härtel*, VerwArch. 2007, 54 ff.]

Haft, Fritjof/Gräfin von Schlieffen, Katharina (Hrsg.), Handbuch Mediation, C. H. Beck, München 2002 [zitiert: *Verfasser* in: *Haft/Gräfin von Schlieffen*, Handbuch Mediation, 2002]

Hammacher, Peter, Umweltmediation im Gesetz angekommen!, MEDIATOR 2015, S. 27–28 [zitiert: *Hammacher*, MEDIATOR 2015, 27 f.]

Hammacher, Peter, Vertraulichkeit versus Öffentlichkeit in der Konfliktbearbeitung – UNCITRAL Rules on Transparency in Kraft, NZBau 2014, S. 607–608 [zitiert: *Hammacher*, NZBau 2014, 607 f.]

Hebeler, Timo, Die Gefährderansprache, NVwZ 2011, 1364–1366 [zitiert: *Hebeler*, NVwZ 2011, 1364 ff.]

Herzberg, Kurt/Knauff, Matthias/Debus, Anne/Schulz, Marie-Luise, Mündliche Erörterung im Widerspruchsverfahren – Erfahrungen und Folgerungen aus einem Pilotprojekt des Thüringer Bürgerbeauftragten, ThürVBl. 2020, S. 181–185 [zitiert: *Herzberg/Knauff/Debus/Schulz*, ThürVBl. 2020, 181 ff.]

Hirschner, Ruthard, Windenergie und Mediation: Zur Implementation der Mediation in Planungs- und Genehmigungsverfahren, ZKM 2016, S. 178–181 [zitiert: *Hirschner*, ZKM 2016, 178 ff.]

Hölzer, Camilla/Schnüttgen, Helena/Bornheim, Wolfgang, Die Mediation im Steuerrecht nach dem Referentenentwurf zum Mediationsgesetz, DStR 2010, S. 2538–2544 [zitiert: *Hölzer/Schnüttgen/Bornheim*, DStR 2010, 2538 ff.]

von Hoerschelmann, Axel, »Beauftragter für Fragen der Mediation« – ein Erfahrungsbericht, ZKM 2018, S. 94–97 [zitiert: *von Hoerschelmann*, ZKM 2018, 94 ff.]

Hoffmann-Riem, Wolfgang/Schmidt-Aßmann, Eberhard (Hrsg.), Konfliktbewältigung durch Verhandlungen, Band 2: Konfliktmittlung in Verwaltungsverfahren, Nomos, Baden-Baden 1990 [zitiert: *Verfasser*, in: *Hoffmann-Riem/Schmidt-Aßmann*, Konfliktbewältigung durch Verhandlungen, Bd. 2, 1990]

Holland, Matthias Sören, Mediation in Planungsverfahren auf kommunaler Ebene unter besonderer Berücksichtigung der Bauleitplanung, in: KWI-Arbeitshefte, 22, Universitätsverlag Potsdam, Potsdam 2012 [zitiert: *Holland*, Mediation in Planungsverfahren auf kommunaler Ebene unter besonderer Berücksichtigung der Bauleitplanung, 2012]

Holznagel, Bernd/Ramsauer, Ulrich, Förderung der Mediation in Planungsverfahren – Vorschläge zur Überwindung praktischer Probleme, VerwArch. 2013, S. 131–160 [zitiert: *Holznagel/Ramsauer*, VerwArch. 2013, 131 ff.]

Janda, Constanze, Der Streitbeilegungsmechanismus nach dem Bürgergeld-Gesetz, ZKM 2024, S. 82–86 [zitiert: *Janda*, ZKM 2024, 82 ff.]

Johlen, Heribert/Oerder, Michael (Hrsg.), Münchener Anwaltshandbuch Verwaltungsrecht, 5. Auflage, C. H. Beck, München 2023 [zitiert: *Verfasser* in: *Johlen/Oerder*, Münchener Anwaltshandbuch Verwaltungsrecht, 2023]

Kals, Elisabeth/Redlich, Alexander, Flucht – Migration – Integration, Konfliktdynamik 2018, S. 4–8 [zitiert: *Kals/Redlich*, Konfliktdynamik 2018, 4 ff.]

Kaltenborn, Markus, Streitvermeidung und Streitbeilegung im Verwaltungsrecht: Verfassungsrechtlicher Rahmen und verfahrensrechtliche Ausgestaltung der außergerichtlichen Konfliktschlichtung im Verhältnis zwischen Verwaltung und Privaten, in: Neue Schriften zur Verwaltungsrechtswissenschaft, Band 4, Nomos, Baden-Baden 2007 [zitiert: *Kaltenborn*, Streitvermeidung und Streitbeilegung im Verwaltungsrecht, 2007]

Kantonale Behörde für Öffentlichkeit, Datenschutz und Mediation des Staates Freiburg, Tätigkeitsbericht 2023 vom 1. Januar bis 31. Dezember 2023, abrufbar unter: https://www.fr.ch/sites/default/files/2024-05/tatigkeitsbericht-2023-%C3%96dsmb.pdf (Stand 24. 06. 2026) [zitiert: Kantonale Behörde für Öffentlichkeit, Datenschutz und Mediation des Staates Freiburg, Tätigkeitsbericht 2023]

Kilger, Hartmut, Mediation im Sozialrecht, ZKM 2001, S. 156–159 [zitiert: *Kilger*, ZKM 2001, 156 ff.]

Klowait, Jürgen/Gläßer, Ulla, Mediationsgesetz: Handkommentar, Nomos, 3. Auflage, Baden-Baden 2025 [zitiert: *Verfasser* in: *Klowait/Gläßer*, Mediationsgesetz: Handkommentar, 2025]

Klowait, Jürgen, Corporate Pledge – Unternehmensinitiative für ein differenziertes Konfliktmanagement, ZKM 2016, S. 154 [zitiert: *Klowait*, ZKM 2016, 154]

Klowait, Jürgen, Corporate Pledges: Normierung des Konfliktverhaltens bei Business-to-Business-Streitigkeiten, Konfliktdynamik 2016, S. 102–109 [zitiert: *Klowait*, Konfliktdynamik 2016, 102 ff.]

Knorr, Peter, Mediation im Verwaltungsprozess – Der praktische Fall: Der »unfaire« Erschließungsbeitrag, NVwZ 2006, S. 914–915 [zitiert: *Knorr*, NVwZ 2006, 914 f.]

Knospe, Armin, Mehr Bürokratie wagen!, ZRP 2010, S. 43–46 [zitiert: *Knospe*, ZRP 2010, 43 ff.]

Kopp, Ferdinand (Begr.)/*Ramsauer, Ulrich* (Hrsg.), Verwaltungsverfahrensgesetz: Kommentar, 25. Auflage, C. H. Beck, München 2024 [zitiert: *Verfasser*, in: *Kopp/Ramsauer*, Verwaltungsverfahrensgesetz: Kommentar, 2024]

Kopp, Ferdinand (Begr.)/*Schenke, Wolf-Rüdiger* (Hrsg.), Verwaltungsgerichtsordnung: Kommentar, 30. Auflage, C. H. Beck, München 2024 [zitiert: *Verfasser* in: *Kopp/Schenke*, Verwaltungsgerichtsordnung: Kommentar, 2024]

Kracht, Stefan/Niedostadek, Andre/Sensburg, Patrick, Praxishandbuch Professionelle Mediation: Methoden, Tools, Marketing und Arbeitsfelder, Springer, Berlin, Heidelberg 2023 [zitiert: *Verfasser*, in: *Kracht/Niedostadek/Sensburg*, Praxishandbuch Professionelle Mediation, 2023]

Kracht, Stefan, »Angeordnete« Mediationen: Probleme und Lösungen am Beispiel innerbetrieblicher und innerbehördlicher Mediation, ZKM 2022, S. 89–93 [zitiert: *Kracht*, ZKM 2022, 89 ff.]

Krainz, Ewald (Hrsg.), Handbuch Mediation und Konfliktmanagement in: Schriften zur Gruppen- und Organisationsdynamik, Band 3, VS Verlag für Sozialwissenschaften, Wiesbaden 2005 [zitiert: *Verfasser* in: *Krainz*, Handbuch Mediation und Konfliktmanagement, 2005]

Krammer, Robert, Menschenrechtsmonitoring in einer staatlichen Behörde: Ein Beispiel aus dem Salzburger Sozialamt mit Vorbildwirkung, NLMR 2016, S. 397–400 [zitiert: *Krammer*, NLMR 2016, 397 ff.]

Lenk, Klaus/Meyerholt, Ulrich/Wengelowski, Peter, Wissensmanagement in Staat und Verwaltung, in: E-Government und die Erneuerung des öffentlichen Sektors, Band 14, 2. Auflage, Nomos, Baden-Baden 2021 [zitiert: *Lenk/Meyerholt/Wengelowski*, Wissensmanagement in Staat und Verwaltung, 2021]

Leschinger, Valentin/Hübner, Gundula, Akzeptanzdimensionen – Ansatzpunkte für Konfliktlösungen in der Energiewende, Konfliktdynamik 2022, S. 97–106 [zitiert: *Leschinger/Hübner*, Konfliktdynamik 2022, 97 ff.]

Lübbe, Anna/Karstens, Claudia, Mediation und mediative Elemente im Sozialrecht – Tagungsbericht, NZS 2012, S. 656–660 [zitiert: *Lübbe/Karstens*, NZS 2012, 656 ff.]

Luhmann, Niklas, Soziale Systeme, Grundriss einer allgemeinen Theorie, Suhrkamp, Frankfurt am Main, 1984 [zitiert: *Luhmann*, Soziale Systeme, 1984]

Maaß, Rainald, Mediation im immissionsschutzrechtlichen Widerspruchsverfahren? Zu einigen Gesichtspunkten eines geänderten Verwaltungsbewusstseins, VerwArch. 1997, S. 701–714 [zitiert: *Maaß*, VerwArch. 1997, 701 ff.]

Märker, Oliver/Holtkamp, Carolin/Steinbach, Malte, Beteiligung unter Strom, ZKM 2023, S. 192–198 [zitiert: *Märker/Holtkamp/Steinbach*, ZKM 2023, 192 ff.]

Maunz, Theodor/Dürig, Günter (Begr.)/*Herzog, Roman/Scholz, Rupert/Herdegen, Matthias/Klein, Hans H.* (Hrsg.), Grundgesetz Kommentar, 106. Ergänzungslieferung, C. H. Beck, München 2024 [zitiert: *Verfasser* in: *Dürig/Herzog/Scholz*, Grundgesetz, 2024]

Mecking, Christoph, »Verbesserung der Akzeptanz von Verwaltungsentscheidungen« – ein Symposium, NVwZ 1992, 354–355 [zitiert: *Mecking*, NVwZ 1992, 354 f.]

Moll, Wilhelm (Begr.)/*Eckhoff, Frank/Reufels, Martin* (Hrsg.), Münchener Anwaltshandbuch Arbeitsrecht, 6. Auflage, C. H. Beck, München 2025 [zitiert: *Verfasser* in: *Moll/Eckhoff/Reufels*, Münchener Anwaltshandbuch Arbeitsrecht, 2025]

Odrig, Josephine, Konfliktanlaufstellen als Verfassungsgebot, ZKM 2019, S. 28–30 [zitiert: *Odrig*, ZKM 2019, 28 ff.]

Ortloff, Karsten-Michael, Vom Gerichtsmediator zum Güterichter im Verwaltungsprozess, NVwZ 2012, S. 1057–1061 [zitiert: *Ortloff*, NVwZ 2012, 1057 ff.]

Ortloff, Karsten-Michael, Praxis der Mediation – neue Aufgaben für Mediatoren, NVwZ 2012, S. 17–18 [zitiert. *Ortloff*, NVwZ 2012, 17 f.]

Ortloff, Karsten-Michael, Europäische Streitkultur und Mediation im deutschen Verwaltungsrecht, NVwZ 2007, 33–36 [zitiert: *Ortloff*, NVwZ 2007, 33 ff.]

Ortloff, Karsten-Michael, Mediation im Verwaltungsprozess – Der praktische Fall: Der behinderte Schüler, NVwZ 2006, S. 1143–1144 [zitiert: *Ortloff*, NVwZ 2006, 1143 f.]

Ortloff, Karsten-Michael, Mediation im Verwaltungsprozess: Bericht aus der Praxis, NVwZ 2006, S. 148–152 [zitiert: *Ortloff*, NVwZ 2006, 148 ff.]

Ortloff, Karsten-Michael, Mediation außerhalb und innerhalb des Verwaltungsprozesses, NVwZ 2004, S. 385–390 [zitiert: *Ortloff*, NVwZ 2004, 385 ff.]

Pfisterer, Thomas, Einigung, Mediation und Schlichtung – Einführung in Art. 33b VwVG, AJP/PJA 2010, S. 1540–1558 [zitiert: *Pfisterer*, AJP/PJA 2010, 1540 ff.]

Pitschas, Rainer, Mediation als Methode und Instrument der Konfliktmittlung im öffentlichen Sektor, NVwZ 2004, S. 396–403 [zitiert: *Pitschas*, NVwZ 2004, 396 ff.]

Plagemann, Hermann (Begr.)/*Bieresborn, Dirk*/*Schafhausen, Martin* (Hrsg.), Münchener Anwaltshandbuch Sozialrecht, 6. Auflage, C. H. Beck, München 2024 [zitiert: *Verfasser* in: *Plagemann/Bieresborn/Schafhausen*, Münchener Anwaltshandbuch Sozialrecht, 2024]

Plagemann, Hermann, Durchsetzung sozialer Rechtspositionen – Beratung und Prozessvertretung aus anwaltlicher Perspektive und Erfahrung, NZS 2006, S. 169–175 [zitiert: *Plagemann*, NZS 2006, 169 ff.]

PricewaterhouseCoopers/Europa-Universität Viadrina, Konfliktmanagement in der deutschen Wirtschaft – Entwicklungen eines Jahrzehnts, Frankfurt am Main 2016, abrufbar unter: https://www.ikm.europa-uni.de/de/_publikationen-dokumente/pwc-euv-kms-studie-v-161014-final.pdf (Stand 24. 06. 2026) [zitiert: PwC/EUV, Konfliktmanagement in der deutschen Wirtschaft – Entwicklungen eines Jahrzehnts, 2016]

PricewaterhouseCoopers/Europa-Universität Viadrina, Konfliktmanagement als Instrument werteorientierter Unternehmensführung, Frankfurt am Main 2013, abrufbar unter: https://www.ikm.europa-uni.de/de/_publikationen-dokumente/pwc-euv-kms-studie-iv-131010-final.pdf (Stand 24. 06. 2026) [zitiert: PwC/EUV, Konfliktmanagement als Instrument werteorientierter Unternehmensführung, 2013]

PricewaterhouseCoopers/Europa-Universität Viadrina, Konfliktmanagement: Von den Elementen zum System, Frankfurt am Main 2011, abrufbar unter: https://www.ikm.europa-uni.de/de/_publikationen-dokumente/euv-pwc-studie-konfliktmanagement-systeme_2011.pdf (Stand 24. 06. 2026) [zitiert: PwC/EUV, Konfliktmanagement: Von den Elementen zum System, 2011]

PricewaterhouseCoopers/Europa-Universität Viadrina, Praxis des Konfliktmanagements deutscher Unternehmen: Ergebnisse einer qualitativen Folgestudie zu »Commercial Dispute Resolution – Konfliktbearbeitungsverfahren im Vergleich«, Frankfurt am Main 2007, abrufbar unter: https://www.ikm.europa-uni.de/de/_publikationen-dokumente/studie-kms-ii-2007.pdf (Stand 24. 06. 2026) [zitiert: PwC/EUV, Praxis des Konfliktmanagements deutscher Unternehmen: Ergebnisse einer qualitativen Folgestudie zu »Commercial Dispute Resolution – Konfliktbearbeitungsverfahren im Vergleich«, 2007]

PricewaterhouseCoopers/Europa-Universität Viadrina, Commercial Dispute Resolution – Konfliktbearbeitungsverfahren im Vergleich, Frankfurt am Main/Frankfurt (Oder) 2005, abrufbar unter: https://www.ikm.europa-uni.de/de/_publikationen-dokumente/studie-commercial-dispute-resolution-2005.pdf (Stand 24. 06. 2026) [zitiert: PwC/EUV, Commercial Dispute Resolution: Konfliktbearbeitungsverfahren im Vergleich, 2005]

Rauber, Sarah J. K., Investor-Staat-Mediation – Zukunftsmusik oder Utopie? Ein erster Überblick zu Verfahren und Anwendungskontext, ZKM 2019, S. 93–96 [zitiert: *Rauber*, ZKM 2019, 93 ff.]

Risse, Jörg, Mediation als Strategie zur Streikvermeidung, NZA 2017, S. 1030–1036 [zitiert: *Risse*, NZA 2017, 1030 ff.]

Ronellenfitsch, Michael, Entstaatlichung des Rechtsschutzes?, DÖV 2010, S. 373–378 [zitiert: *Ronellenfitsch*, DÖV 2010, 373 ff.]

Rüssel, Ulrike, Mediationsverfahren im öffentlichen Bereich, JA 2006, S. 470–475 [zitiert: *Rüssel*, JA 2006, 470 ff.]

Samland, Kathrin, Konflikte zwischen Reichsbürgern und Staat: Überlegungen zu Konfliktursachen und zu Chancen alternativer Konfliktbearbeitung, ZKM 2023, S. 212–216 [zitiert: *Samland*, ZKM 2023, 212 ff.]

Schäfer, Lars, Mediation im öffentlichen Bereich braucht gesetzliche Regeln, NVwZ 2006, S. 39–45 [zitiert: *Schäfer*, NVwZ 2006, 39 ff.]

Schmidt, Frank H., Mediation im öffentlichen Bereich – Besonderheiten und Herausforderungen, ZKM 2016, S. 215–220 [zitiert: *Schmidt*, ZKM 2016, 215 ff.]

Schoch, Friedrich/Schneider, Peter (Hrsg.), Verwaltungsrecht, VwGO, 46. EL, C. H. Beck, München, 2024 [zitiert: *Verfasser* in: *Schoch/Schneider*, Verwaltungsrecht, VwGO, 2024]

Schreiber, Annika, Mediation bei Planungsverfahren, ZKM 2021, S. 224–227 [zitiert: *Schreiber*, ZKM 2021, 224 ff.]

Schreiber, Annika, Mediation als Element der frühen Öffentlichkeitsbeteiligung gem. § 25 Abs. 3 VwVfG, in: Interdisziplinäre Studien zu Mediation und Konfliktmanagement, Band 6, Nomos, Baden-Baden 2020 [zitiert: *Schreiber*, Mediation als Element der frühen Öffentlichkeitsbeteiligung gem. § 25 Abs. 3 VwVfG, 2020]

Schreiber, Annika, Vertrauen als Erfolgsfaktor der frühen Öffentlichkeitsbeteiligung: Mediation und die Rolle der Verwaltung bei umstrittenen Infrastrukturvorhaben, Konfliktdynamik, 2020, S. 47–55 [zitiert: *Schreiber*, Konfliktdynamik 2020, 47 ff.]

Schütte, Matthias, Braucht die öffentliche Verwaltung Mediation und Coaching als alternative Konfliktbearbeitungsinstrumente?, DÖV 2022, S. 364–372 [zitiert: *Schütte*, DÖV 2022, 364 ff.]

Schütte, Matthias, Zur Sinnhaftigkeit der Mediation in beamtenrechtlichen Konflikten, Konfliktdynamik 2021, S. 219–223 [zitiert: *Schütte*, Konfliktdynamik 2021, 219 ff.]

Seibert, Max-Jürgen, Mediation in der Verwaltungsgerichtsbarkeit – Erfahrungen und Überlegungen zu einer alternativen Streitbeilegung, NVwZ 2008, S. 365–370 [zitiert: *Seibert*, NVwZ 2008, 365 ff.]

Seok, Jong Hyun/Ziekow, Jan (Hrsg.), Mediation als Methode und Instrument der Konfliktmittlung im öffentlichen Sektor: Vorträge auf dem deutsch-koreanischen Symposium zum Verwaltungsrechtsvergleich 2009 vom 9. bis 13. September 2009 am Deutschen Forschungsinstitut für öffentliche Verwaltung Speyer, in: Schriftenreihe der Hochschule Speyer, Band 207, Duncker & Humblot, Berlin 2010 [zitiert: *Verfasser*, in: *Seok/Ziekow*, Mediation als Methode und Instrument der Konfliktmittlung im öffentlichen Sektor, 2010]

Siegel, Thorsten, Mediation in der luftverkehrsrechtlichen Planfeststellung, NuR 2002, S. 79–87 [zitiert. *Siegel*, NuR 2002, 79 ff.]

Soffner, Torsten, Mediation im Sozialrecht: Bund und Länder müssen zusammenführen, was zusammengehört, ZKM 2018, S. 121–125 [zitiert: *Soffner*, ZKM 2018, 121 ff.]

Soffner, Torsten, Mediation im Sozialrecht: Das Potential der Inhalte des deutschen Mediationsbegriffs für die Konfliktbehandlung zwischen Bürger und Sozialbehörde im Sozialverwaltungsverfahren unter den Prämissen des sozialen Verfassungsstaats, erschienen in: Schriften zum Sozial- und Arbeitsrecht, Band 342, Duncker & Humblot, Berlin 2017 [zitiert: *Soffner*, Mediation im Sozialrecht, 2017]

Splinter, Dirk/Wüstehube, Ljubjana, Mediation und Dialog in Unterkünften für Geflüchtete und in deren Umfeld, Konfliktdynamik 2018, S. 10–19 [zitiert: *Splinter/Wüstehube*, Konfliktdynamik 2018, 10 ff.]

Stelkens, Paul/Bonk, Heinz Joachim/Leonhardt, Klaus (Begr.)/*Sachs, Michael/ Schmitz, Heribert/Stelkens, Ulrich* (Hrsg.), Verwaltungsverfahrensgesetz: Kommentar, 10. Auflage, C. H. Beck, München 2023 [zitiert: *Verfasser*, in: *Stelkens/Bonk/Sachs*, Verwaltungsverfahrensgesetz: Kommentar, 2023]

Teubert, Benjamin, Mitarbeiter der Verwaltung als Mediatoren in Verwaltungsverfahren? Eine Untersuchung am Beispiel der Arbeit von Raumordnungs- und Landesplanungsbehörden, in: Studien zu Staat, Recht und Verwaltung, Band 17, Nomos, Baden-Baden 2011 [zitiert: *Teubert*, Mitarbeiter der Verwaltung als Mediatoren in Verwaltungsverfahren?, 2011]

Tilp, Helmut, Mediation – ein Instrument auch für Verwaltungen?, VM 2009, S. 90–95 [zitiert: *Tilp*, VM 2009, 90 ff.]

Trenczek, Thomas, ADR – Mediation: Faire Konfliktlösung ohne Gericht, DS 2009, S. 66–72 [zitiert: *Trenczek*, DS 2009, 66 ff.]

Troja, Markus, Umweltkonfliktmanagement und Demokratie: Zur Legitimation kooperativer Konfliktregelungsverfahren in der Umweltpolitik, Centrale für Mediation, Köln 2001 [zitiert: *Troja*, Umweltkonfliktmanagement und Demokratie, 2001]

Ulrich, Jürgen/Vogt, Carl-Michael, Mediation in der Praxis – Teil I: Alternative Streitlösungsmodelle und Grundzüge der Mediation, DS 2009, S. 217–223 [zitiert: *Ulrich/Vogt*, DS 2009, 217 ff.]

Ulrich, Jürgen/Vogt, Carl-Michael, Mediation in der Praxis – Teil II: Gesetzliche Regelungen zur Mediation und typische Anwendungsfelder, DS 2009, 263–267 [zitiert: *Ulrich/Vogt,* DS 2009, 263 ff.]

Vetter, Stefan, Mediation und Vorverfahren: Ein Beitrag zur Reform des verwaltungsgerichtlichen Vorverfahrens, in: Schriften zum Öffentlichen Recht, Band 939, Duncker & Humblot, Berlin 2004 [zitiert: *Vetter,* Mediation und Vorverfahren, 2004]

Voss, Rainer/Kockler, Nick, »Stuttgart 21«: Konsequenzen für Gesetzgebung und Praxis, Konfliktdynamik 2012, S. 58–65 [*Voss/Kockler,* Konfliktdynamik 2012, 58 ff.]

Voss, Rainer, Mediation im öffentlichen Bau- und Planungsrecht, ZKM 2001, S. 176–180 [zitiert: *Voss,* ZKM 2001, 176 ff.]

Wagner, Jörg, Mediation in Behörden: Zur Einführung eines Konfliktmanagementsystems, NVwZ 2014, S. 1344–1350 [zitiert: *Wagner,* NVwZ 2014, 1344 ff.]

Wagner, Jörg/Thalau, Guiletta, Konfliktmanagement im Bundesministerium für Verkehr und digitale Infrastruktur, Konfliktdynamik 2014, S. 252–260 [zitiert: *Wagner/Thalau,* Konfliktdynamik 2014, 252 ff.

Wagner, Volkmar/Engelhardt, Matthias, Mediation im Umwelt- und Planungsrecht als Alternative zur behördlichen oder gerichtlichen Streitentscheidung, NVwZ 2001, S. 370–374 [zitiert: *Wagner/Engelhardt,* NVwZ 2001, 370 ff.]

Wahl, Caroline, Polizeiarbeit mit ethnischen Minderheiten – gewaltlose Wege aus der Krise?, Konfliktdynamik 2020, S. 286–293 [zitiert: *Wahl,* Konfliktdynamik 2020, 286 ff.]

Weigle, Barbara, »Mission possible« – Mediative Konfliktlösung in der Verwaltung, ZKM 2009, S. 143–146 [zitiert: *Weigle,* ZKM 2009, 143 ff.]

von Werthern, Hans Carl/Rüpke, Carsten, Von den Elementen zum System: Konfliktmanagement und Mediation im Auswärtigen Amt, Konfliktdynamik 2013, S. 144–148 [zitiert: *von Werthern/Rüpke,* Konfliktdynamik 2013, 144 ff.]

Witte, Eberhard, Organisation für Innovationsentscheidungen: Das Promotoren-Modell, in: Schriften der Kommission für wirtschaftlichen und sozialen Wandel, 2, Otto Schwartz & Co., Göttingen 1973 [zitiert: *Witte,* Organisation für Innovationsentscheidungen, 1973]

Würtenberger, Thomas, Akzeptanz durch Verwaltungsverfahren, NJW 1991, S. 257–263 [zitiert: *Würtenberger*, NJW 1991, 257 ff.]

Zaiser, Benjamin/Staller, Mario/Körner, Sven, Deeskalation: Polizeiliche Kommunikationsfähigkeit und konfliktreduzierende Handlungskompetenz, Konfliktdynamik 2022, S. 34–41 [zitiert: *Zaiser/Staller/Körner*, Konfliktdynamik 2022, 34 ff.]

Zepf, Uwe, Mediation im Schatten des Leviathan oder das Verhältnis zwischen hoheitlichem Handeln und Mediation, DÖV 2012, S. 631–640 [zitiert: *Zepf*, DÖV 2012, 631 ff.]

Ziekow, Jan, Mediation in der Verwaltungsgerichtsbarkeit – Möglichkeiten der Implementation und rechtliche Folgerungen, NVwZ 2004, S. 390–396 [zitiert: *Ziekow*, NVwZ 2004, 390 ff.]

Zilleßen, Horst (Hrsg.), Mediation – Kooperatives Konfliktmanagement in der Umweltpolitik, Westdeutscher Verlag, Opladen 1998 [zitiert: *Verfasser* in: *Zilleßen*, Mediation – Kooperatives Konfliktmanagement in der Umweltpolitik, 1998]

Über den Autor

Herr Dr. Constantin A. Ganschow ist als Regierungsdirektor beim Bundesamt für Migration und Flüchtlinge in Berlin tätig. Vor seinem Studium der Rechtswissenschaften mit völkerrechtlichem Schwerpunkt an der Universität Potsdam war er unter anderem für den YMCA Perú in Lima und im Rahmen des juristischen Vorbereitungsdienstes für das Auswärtige Amt in Quito sowie die international agierende Kanzlei Dentons in Berlin tätig. Am MenschenRechtsZentrum der Universität Potsdam promovierte er zu asyl- und aufenthaltsrechtlichen Fragen. Neben seinen hauptberuflichen Aufgaben unterstützt er als ehrenamtliches Mitglied die Arbeit des Christlichen Vereins Junger Menschen (CVJM).

Im Rahmen seines LL. M.-Studiums Mediation und Konfliktmanagement an der Europa-Universität Viadrina befasste er sich mit mediationsspezifischen Fragen und nachhaltigem Konfliktmanagement von Behörden in Deutschland.